MONICA CUSINO

PROGETTO MAGNIFICAT

QUADERNO DI «VENITE CON ME»/2

Disegni di Barbara Gallizio

ELLEDICI

5ª ristampa: maggio 2009

Internet: www.elledici.org
E-mail: mail@elledici.org
ISBN 978-88-01-03082-2

Stampa: SGS Torino

Come si usa questo libro?

1. Titolo dell'incontro. È il riferimento alla guida.

2. Cerca... Per capire i termini difficili.

3. Brano biblico. È la Parola del Signore che dà il senso all'incontro.

4. Io interrogo il testo. Per comprendere davvero quello che Dio mi dice.

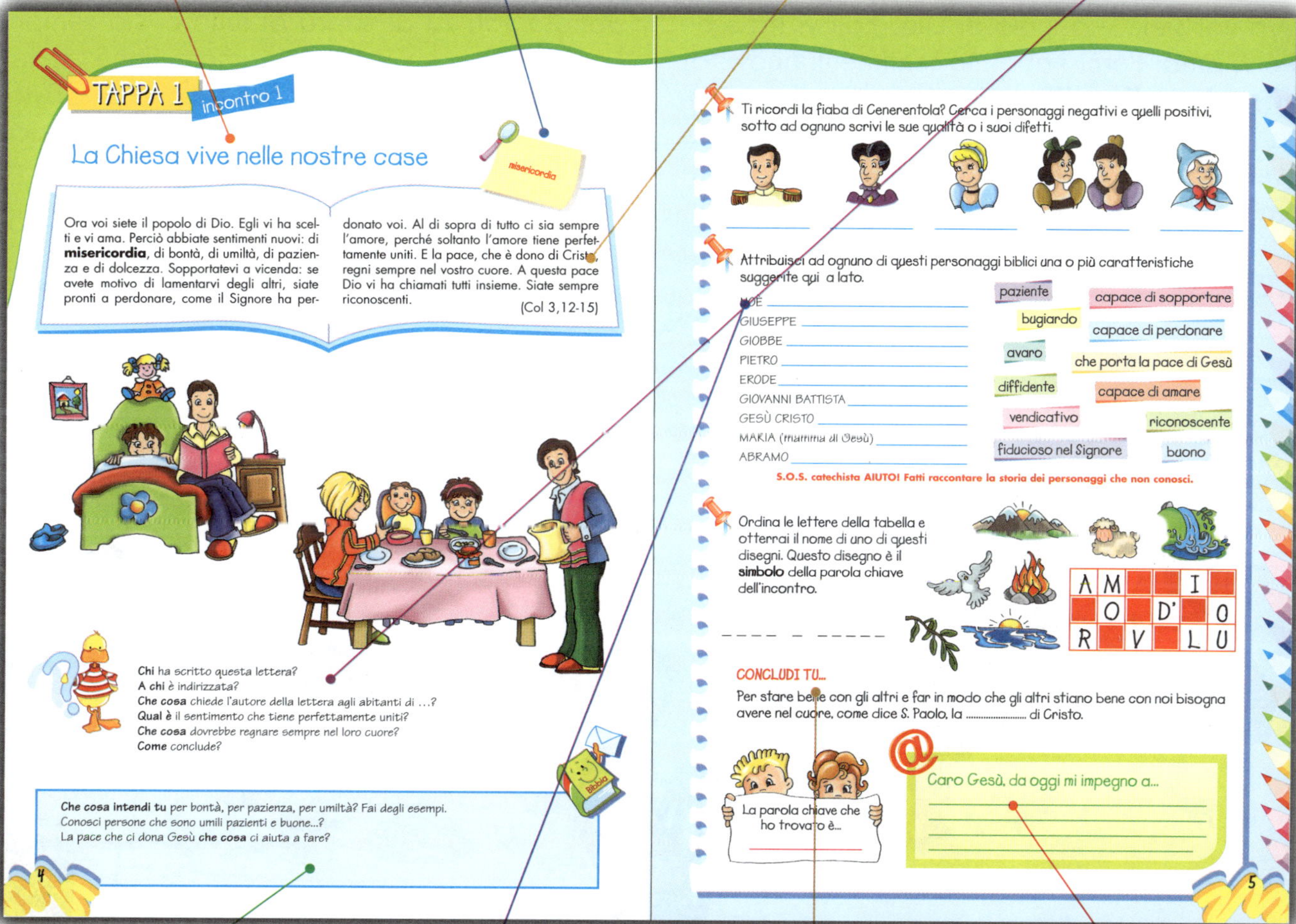

5. Il testo interroga me. Per vivere quello che Dio mi chiede.

6. Laboratorio. Un angolo di giochi, inchieste, attività varie.

7. Questo lo ricorderò! Una frase che diventi un punto fermo nel cammino di fede.

8. Caro Gesù. Una preghiera fresca e nuova dopo ogni incontro.

TAPPA 1 incontro 1

La nostra esperienza di Chiesa

Ora voi siete il popolo di Dio. Egli vi ha scelti e vi ama. Perciò abbiate sentimenti nuovi: di **misericordia**, di bontà, di umiltà, di pazienza e di dolcezza. Sopportatevi a vicenda: se avete motivo di lamentarvi degli altri, siate pronti a perdonare, come il Signore ha perdonato voi. Al di sopra di tutto ci sia sempre l'amore, perché soltanto l'amore tiene perfettamente uniti. E la pace, che è dono di Cristo, regni sempre nel vostro cuore. A questa pace Dio vi ha chiamati tutti insieme. Siate sempre riconoscenti.

(Col 3,12-15)

Chi ha scritto questa lettera?
A chi è indirizzata?
Che cosa chiede l'autore della lettera agli abitanti di ...?
Qual è il sentimento che tiene perfettamente uniti?
Che cosa dovrebbe regnare sempre nel loro cuore?
Come conclude?

Che cosa intendi tu per bontà, per pazienza, per umiltà? Fai degli esempi.
Conosci persone che sono umili pazienti e buone...?
La pace che ci dona Gesù **che cosa** ci aiuta a fare?

Ti ricordi la fiaba di Cenerentola? Cerca i personaggi negativi e quelli positivi, sotto ad ognuno scrivi le sue qualità o i suoi difetti.

_______ _______ _______ _______ _______

Attribuisci ad ognuno di questi personaggi biblici una o più caratteristiche suggerite qui a lato.

NOÈ ______________________

GIUSEPPE ______________________

GIOBBE ______________________

PIETRO ______________________

ERODE ______________________

GIOVANNI BATTISTA ______________________

GESÙ CRISTO ______________________

MARIA (mamma di Gesù) ______________________

ABRAMO ______________________

paziente · capace di sopportare · bugiardo · capace di perdonare · avaro · che porta la pace di Gesù · diffidente · capace di amare · vendicativo · riconoscente · fiducioso nel Signore · buono

S.O.S. catechista AIUTO! Fatti raccontare la storia dei personaggi che non conosci.

Ordina le lettere della tabella e otterrai il nome di uno di questi disegni. Questo disegno è il simbolo della parola chiave dell'incontro.

A	M			I	
	O		D'		O
R		V		L	U

_ _ _ _ _ _ _ _ _ _ _

CONCLUDI TU...

Per stare bene con gli altri e far in modo che gli altri stiano bene con noi bisogna avere nel cuore, come dice S. Paolo, la .... di Cristo.

Caro Gesù, da oggi mi impegno a...

____

____

____

____

TAPPA 1 incontro 2

La Chiesa non può fare a meno di noi

erano venuti alla fede

La moltitudine di coloro che **erano venuti alla fede** aveva un cuore solo e un'anima sola e nessuno diceva sua proprietà quello che gli apparteneva, ma ogni cosa era fra loro comune. Con grande forza gli apostoli rendevano testimonianza della risurrezione del Signore Gesù e tutti essi godevano di grande simpatia. Nessuno infatti tra loro era bisognoso, perché quanti possedevano campi o case li vendevano, portavano l'importo di ciò che era stato venduto e lo deponevano ai piedi degli Apostoli; e poi veniva distribuito a ciascuno secondo il bisogno.
Così Giuseppe, soprannominato dagli Apostoli Barnaba, che significa «figlio dell'esortazione», un levita originario di Cipro, che era padrone di un campo, lo vendette e ne consegnò l'importo deponendolo ai piedi degli Apostoli.

(At 4,32-37)

Le persone che erano diventate cristiane
vivevano in uno "strano modo":
avevano **un cuore** ...... **e un'anima** ......
Che cosa vorrà dire?
Mettevano in comune le loro ....
Regnava un clima di .... perché nessuno era bisognoso,
infatti ....
Ad esempio Giuseppe, detto Barnaba, era padrone di un ....
e che cosa ne fece?

Conosci persone che vivono **come loro**, al giorno d'oggi?
Prova a pensare **come si comportano** la tua famiglia, la tua classe, i tuoi amici e dimmi:
Si va sempre d'accordo?
Si è disposti **a condividere** le cose più care con gli altri?
Si è disposti **a rinunciare** a un gioco, a un vestito, a un oggetto della casa per donarlo a chi ne ha bisogno?

Immagina che questa casa sia la tua e distingui, a voce, le cose utili, le cose indispensabili, le cose superflue invece, crocettale.

A che cosa sei disposto a rinunciare? Disegna le tre camere della tua casa arredandole con ciò che ritieni necessario.

Piccolo aiuto per individuare la parola chiave:

sinonimo di INSIEME = ____________

altro modo per DIRE GIORNO (togli l'accento) = ____________

un film appena uscito si dice che è in PRIMA... = ____________

Unisci le paroline che hai trovato e il gioco è fatto!

@ Caro Gesù, da oggi mi impegno a...

____

____

____

____

TAPPA 1 incontro 3

La Chiesa diffusa nel mondo

vocazione
mansuetudine
vincolo

Vi esorto dunque io, il prigioniero nel Signore, a comportarvi in maniera degna della **vocazione** che avete ricevuto, con ogni umiltà, **mansuetudine** e pazienza, sopportandovi a vicenda con amore, cercando di conservare l'unità dello spirito per mezzo del **vincolo** della pace.

Un solo corpo, un solo spirito, come una sola è la speranza alla quale siete stati chiamati, quella della vostra **vocazione**; un solo Signore, una sola fede, un solo battesimo. Un solo Dio Padre di tutti, che è al di sopra di tutti, agisce per mezzo di tutti ed è presente in tutti.

(Ef 4,1-6)

Chi sta parlando? **A chi** si rivolge? **Perché** si definisce prigioniero del Signore?
A quale vocazione si riferisce? Chiede agli E........... di comportarsi con ...., ..., ... e di s................. a vicenda con ....

Chiede poi una cosa un po' difficile da capire e cioè di condividere lo stesso spirito aiutati dal fatto che sono legati fra loro dalla pace.
Di quale spirito si tratta? **Di quale** pace si tratta? Ne abbiamo parlato la volta scorsa.
San........... continua facendo un elenco di cose **uniche**: un solo........... e un solo .... come una sola è la ....
A che tipo di speranza si riferisce? Continua ancora: un solo .... una sola .... un solo.................... un solo ....

Ti senti anche tu prigioniero del Signore? In che modo?
Riesci ad essere umile, mansueto e paziente?
Ti piacerebbe sopportare con amore gli altri o ci riesci già?
Pensi di possedere la pace di Gesù Cristo?

Risolvi gli anagrammi e troverai i significati di queste tre parole che l'apostolo Paolo usa continuamente:

EDEF = fiducia totale in Gesù Cristo

A'RIACT = amore cristiano

REZANSPA = desiderio fiducioso di incontrare Dio nella vita eterna

Si tratta delle 3 ____________________

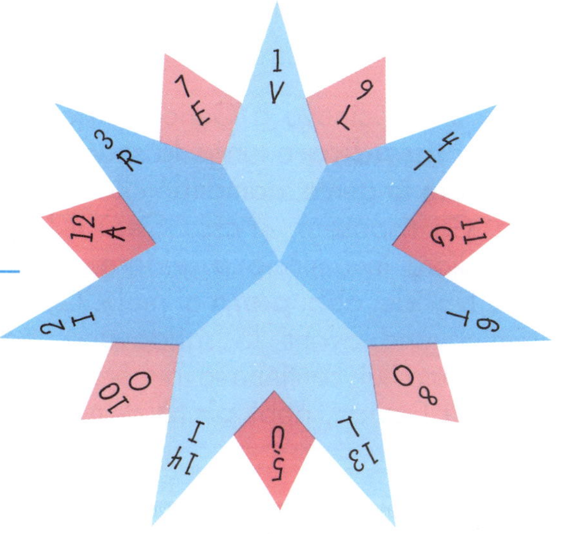

Abbina le lettere ai numeri in progressione e otterrai la risposta.
S.O.S. catechista AIUTO! (se non hai mai sentito queste tre parole chiedi al catechista che te le spieghi).

Vai a cercare sulla Bibbia la lettera di S. Paolo ai Galati 5,22-24 e individua i frutti dello Spirito che elenca e trascrivili accanto ai frutti disegnati.

@ Caro Gesù, da oggi mi impegno ad essere...

TAPPA 2 incontro 4

La forza dello Spirito

mendicare
pietà

Mentre si avvicinava a Gerico, un cieco era seduto a **mendicare** lungo la strada. Sentendo passare la gente, domandò che cosa accadesse. Gli risposero: «Passa Gesù il Nazareno!». Allora incominciò a gridare: «Gesù, figlio di Davide, abbi **pietà** di me!». Quelli che camminavano avanti lo sgridavano, perché tacesse; ma lui continuava ancora più forte: «Figlio di Davide, abbi **pietà** di me!». Gesù allora si fermò e ordinò che glielo conducessero. Quando gli fu vicino, gli domandò: «Che vuoi che io faccia per te?». Egli rispose: «Signore, che io riabbia la vista». E Gesù gli disse: «Abbi di nuovo la vista! La tua fede ti ha salvato». Subito ci vide di nuovo e cominciò a seguirlo lodando Dio. E tutto il popolo, alla vista di ciò, diede lode a Dio.
(Lc 18,35-43)

Chi si stava avvicinando a Gerico?
Dov'è Gerico? Cerca sulla cartina a pagina 52.
Che cosa stava facendo il cieco seduto?
A chi si rivolge per sapere che cosa sta accadendo?
Quale risposta gli danno? E lui **che cosa** fa?
Che cosa dice? Le persone che precedevano Gesù lo .... affinché .... Ma lui ....
Come reagisce Gesù alla supplica del cieco? **Che cosa** risponde il cieco a Gesù? Gesù lo accontenta?
Gesù lo guarisce, ma spiega che la guarigione è dipesa dal fatto che il cieco aveva avuto tanta ....!
Riscrivi la frase in cui Gesù spiega questo: "...".
Questo miracolo porta 3 conseguenze:
1. il cieco................ 2. il cieco................ 3. il popolo ....

Hai paura del buio? Ti dà fastidio? **Quali** sensazioni provi al buio? Prova a bendarti e a muoverti nella tua casa, ...**che cosa** è successo? E se ti trovassi bendato in un luogo sconosciuto?
Se sei stato sincero nel rispondere alle domande e hai veramente provato a bendarti sicuramente puoi capire, almeno un po', come si sentiva il cieco di Gerico. Era costretto a dipendere dagli altri per sapere che cosa succedeva intorno a lui e doveva vivere di elemosina perché ......
Come mai Gesù gli chiede che cosa vuole? Non si era accorto che era cieco? Conosci qualche persona non vedente? Sicuramente è bello vedere, ma lo sai che a volte, anche se non porti neanche gli occhiali, sei cieco? Te lo dimostro nella pagina accanto.

Ed ecco ti presento Tommaso, è un ragazzino della tua età che vede molto bene, ma spesso è cieco. Vediamo se sai individuare quando vede e quando non vede.
Segna nelle caselline in alto SÌ oppure NO.

Forse anche noi, come Tommaso, siamo spesso ciechi, abbiamo bisogno di qualcuno che illumini il nostro cuore un po' troppo egoista.
A chi dobbiamo chiedere aiuto per illuminarci?

Vai a cercare la risposta nel quaderno numero 1 all'incontro 9.

@

Caro Gesù, da oggi voglio vedere anche con il...

TAPPA 3 incontro 5

Con Gesù per fare opere d'amore

ingiunse
purificazione
infermità
lebbra

Un giorno Gesù si trovava in una città e un uomo coperto di **lebbra** lo vide e gli si gettò ai piedi pregandolo: «Signore, se vuoi, puoi sanarmi». Gesù stese la mano e lo toccò dicendo: «Lo voglio, sii risanato!». E subito la lebbra scomparve da lui. Gli **ingiunse** di non dirlo a nessuno: «Va', mostrati al sacerdote e fa' l'offerta per la tua **purificazione**, come ha ordinato Mosè, perché serva di testimonianza per essi». La sua fama si diffondeva ancor più; folle numerose venivano per ascoltarlo e farsi guarire dalle loro **infermità**. Ma Gesù si ritirava in luoghi solitari a pregare.

(Lc 5,12-16)

Come è l'uomo che vede Gesù?
Che cosa fa?
Che cosa gli chiede?
Gesù lo guarisce, **come?**
Quali parole usa?
Che cosa accade dopo?
Che cosa gli ordina Gesù?
Gesù era ormai un personaggio famoso, ad ogni miracolo la sua fama aumentava sempre di più.
Chi veniva ad ascoltarlo?
Chi veniva a farsi guarire?
Gesù si inorgogliva per la sua fama?
Che cosa preferiva fare?

Ti è mai capitato di stare molto male o di avere un parente che era molto ammalato e di pregare Gesù affinché vi guarisse? L'ha fatto? Se non l'ha fatto come hai reagito?
Ti ricordi l'episodio del cieco di Gerico?
Che cosa è più importante per Gesù la guarigione fisica o il fatto di credere in lui?
E per te che cosa è più importante?
Al tempo di Gesù non c'erano medici in gamba come oggi e neanche tutte le cure e i medicinali attuali, la gente moriva di malattie anche non tanto gravi che ormai sono curabilissime.
I lebbrosi ad esempio venivano cacciati dai centri abitati per paura del contagio, inoltre la gente era convinta che Dio non li amasse. Ma Gesù ci dimostra che...
I grandi medici e i grandi scienziati ci tengono, di solito, ad essere intervistati e ad apparire in TV o sui giornali, Gesù invece... Secondo te, **perché**?
Fare del bene è importante per farsi pubblicità o arricchirsi oppure...

Annerisci gli spazi con il punto nero e potrai vedere una scena del passo appena letto.

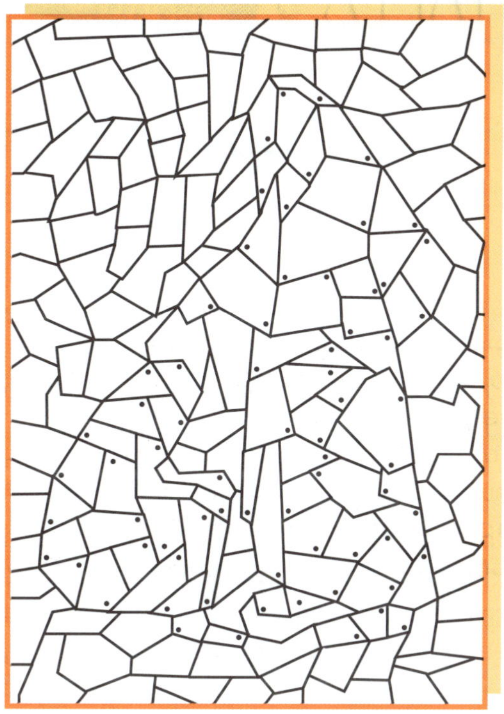

Finalmente è arrivata anche Giulietta e Tommaso sta cercando di farle una foto, ma ha una difficoltà. Nella frase di Tommaso è nascosta una parola misteriosa mentre nel pensiero di Giulietta ci sono le indicazioni precise per individuarla!
(conto le lettere dette da Tommaso).

Vai a caccia di miracoli, chiedi alla catechista, ai tuoi genitori, ai tuoi nonni se sono a conoscenza di miracoli e poi raccontali al gruppo. Elenca quelli che hai trovato:

____

____

____

____

____

Caro Gesù, voglio avere anch'io ....
in Te! ________________________________

TAPPA 3 incontro 6

Dio ci guarda con amore attraverso Gesù

farisei
peccati

Uno dei **farisei** lo invitò a mangiare da lui. Egli entrò nella casa del **fariseo** e si mise a tavola. Ed ecco una donna, una peccatrice di quella città, saputo che si trovava nella casa del fariseo, venne con un vasetto di olio profumato; e fermatasi dietro si rannicchiò piangendo ai piedi di lui e cominciò a bagnarli di lacrime, poi li asciugava con i suoi capelli, li baciava e li cospargeva di olio profumato.
A quella vista il fariseo che l'aveva invitato pensò tra sé: «Se costui fosse un profeta, saprebbe chi è e che specie di donna è colei che lo tocca: è una peccatrice». Gesù allora gli disse: «Simone, ho una cosa da dirti». Ed egli: «Maestro, di' pure». «Un creditore aveva due debitori: l'uno gli doveva cinquecento denari, l'altro cinquanta. Non avendo essi da restituire, condonò il debito a tutti e due. Chi dunque di loro lo amerà di più?». Simone rispose: «Suppongo quello a cui ha condonato di più». Gli disse Gesù: «Hai giudicato bene». E volgendosi verso la donna, disse a Simone: «Vedi questa donna? Sono entrato nella tua casa e tu non m'hai dato l'acqua per i piedi; lei invece mi ha bagnato i piedi con le lacrime e li ha asciugati con i suoi capelli.
Tu non mi hai dato un bacio, lei invece da quando sono entrato non ha cessato di baciarmi i piedi. Tu non mi hai cosparso il capo di olio profumato, ma lei mi ha cosparso di profumo i piedi. Per questo ti dico: le sono perdonati i suoi molti peccati, poiché ha molto amato. Invece quello a cui si perdona poco, ama poco». Poi disse a lei: «Ti sono perdonati i tuoi **peccati**». Allora i commensali cominciarono a dire tra sé: «Chi è quest'uomo che perdona anche i peccati?». Ma egli disse alla donna: «La tua fede ti ha salvata; va' in pace!».
(Lc 7,36-50)

Completa le frasi a voce dopo aver sentito il brano raccontato dalla catechista e averlo letto tu quante volte vuoi.

Un fariseo invita Gesù a ....
Egli accetta. Ad un certo punto arriva .... con ....
perché ....
E fermatasi dietro .... Allora il fariseo pensa ....
Ma Gesù, leggendogli nella mente, gli racconta un fatto: ....
Dopo Gesù chiede al fariseo un parere: .... e lui risponde ....
Gesù approva la risposta del fariseo, ma gli fa notare che lui non gli ha fatto ....,
mentre la donna .... Lei era cosciente di essere peccatrice e ha chiesto perdono facendo degli umili gesti, mentre lui credendo di essere giusto, cioè non peccatore, non si è preoccupato di nulla.

Che cosa vuole insegnare Gesù al fariseo?
La donna era considerata da tutti una peccatrice, invece il fariseo era considerato giusto, cioè uno che rispettava la Legge, ma Gesù sembra preferire la donna, **come** mai?
È più importante sembrare onesti e buoni o sbagliare e ammettere i propri sbagli?
Che cosa ha salvato la donna? **Che cosa** ottiene? Ti senti capace di perdonare le persone che ti chiedono scusa? Racconta un fatto che ti è accaduto e come ti sei comportato. È più facile per te perdonare o chiedere perdono?

Con un po' di pazienza metti in ordine le parole che Giulietta ha scritto sul muro fino a formare una frase di una famosa preghiera che ci ha insegnato Gesù.

Sorpresa!

Ci sono delle parole che hai già incontrato negli altri brani, prova a trovarle fra queste scritte al contrario:

ENAP = ...

ECAP = ...

EDEF = ...

ELOS = ...

FCUL = ...

Qual è il sacramento che ci riconcilia con i fratelli e ci assicura il perdono di Dio? Completa le seguenti frasi usando le parole al fondo della pagina.

AL _ _ _ _ _ _ _ _ _ _ _ CONFESSIAMO CON _ _ _ _ _ _ _ _ _ _ _

LE MANCANZE D' _ _ _ _ _ _ . DOPO AVER DOMANDATO _ _ _ _ _ _ _ _

AL _ _ _ _ _ _ _ _ _ OTTENIAMO L' _ _ _ _ _ _ _ _ _ _ _ _ _

IL SACERDOTE CI DÀ IL SALUTO DI _ _ _ _

ALLA FINE _ _ _ _ _ _ _ _ _ _ _ _ _ _ IL SIGNORE E CI IMPEGNIAMO AD _ _ _ _ _

assoluzione · ringraziamo · pace · sincerità

sacerdote · Signore · amore · amare · perdono

@ Caro Gesù, ti chiedo... perché...

TAPPA 4 incontro 1

La grande gioia di essere amati da Dio

esercito celeste

C'erano in quella regione alcuni pastori che vegliavano di notte facendo la guardia al loro gregge. Un angelo del Signore si presentò davanti a loro e la gloria del Signore li avvolse di luce. Essi furono presi da grande spavento, ma l'angelo disse loro: «Non temete, ecco vi annunzio una grande gioia, che sarà di tutto il popolo: oggi vi è nato nella città di Davide un salvatore, che è il Cristo Signore. Questo per voi il segno: troverete un bambino avvolto in fasce, che giace in una mangiatoia». E subito apparve con l'angelo una moltitudine dell'**esercito celeste** che lodava Dio e diceva:
«Gloria a Dio nel più alto dei cieli e pace in terra agli uomini che egli ama».
Appena gli angeli si furono allontanati per tornare al cielo, i pastori dicevano fra loro: «Andiamo fino a Betlemme, vediamo questo avvenimento che il Signore ci ha fatto conoscere». Andarono dunque senz'indugio e trovarono Maria e Giuseppe e il bambino, che giaceva nella mangiatoia. E dopo averlo visto, riferirono ciò che del bambino era stato detto loro. Tutti quelli che udirono, si stupirono delle cose che i pastori dicevano. Maria, da parte sua, serbava tutte queste cose meditandole nel suo cuore.
I pastori poi se ne tornarono, glorificando e lodando Dio per tutto quello che avevano udito e visto, com'era stato detto loro.
(Lc 2,8-20)

Di quale regione si tratta?
Che cosa stavano facendo i pastori? **Perché? Chi** si presenta davanti a loro?
Come reagiscono a quella visione? **Che cosa** dice l'angelo per tranquillizzarli?
Chi si unisce all'angelo?
Che cosa decidono di fare i pastori? **Chi** trovarono a Betlemme?
Dopo **che cosa** fecero?

Questo brano non è una grande novità per te, vero?
Ti sei mai chiesto **perché**, con tanta gente, gli angeli del Signore vanno ad avvertire proprio i pastori? Fai delle ipotesi.
Gesù adulto, con tanta gente ricca e benestante, si avvicina più volentieri ai poveri, agli ammalati, ai peccatori, ai disperati. **Perché?**
Gesù è venuto per tutti gli uomini a portare **che cosa**?
Ogni Natale festeggiamo il compleanno di Gesù, tu **che cosa** pensi di donargli quest'anno?
Scrivilo nella tua preghiera.

Cerca sulla cartina a pag. 52 dove si trova Betlemme e poi scopriamo insieme che cosa significa il nome di questa piccola città risolvendo il cruciverba:

1 Il terzo evangelista nella Bibbia.
2 …di Galilea, altro nome del lago di Genezaret.
3 Condusse fuori dall'Egitto il popolo ebreo.
4 Nome della mamma di Gesù.
5 Si lancia sul tavolo per giocare.
6 Pietro, Giacomo, Giovanni e altri praticavano la…
7 Contrario di buio.
8 Si fa al supermercato.
9 Inizio di una lettera ad un amico.
10 Numero di mesi che trascorrono prima che nasca un bambino.
11 Precede la notte.

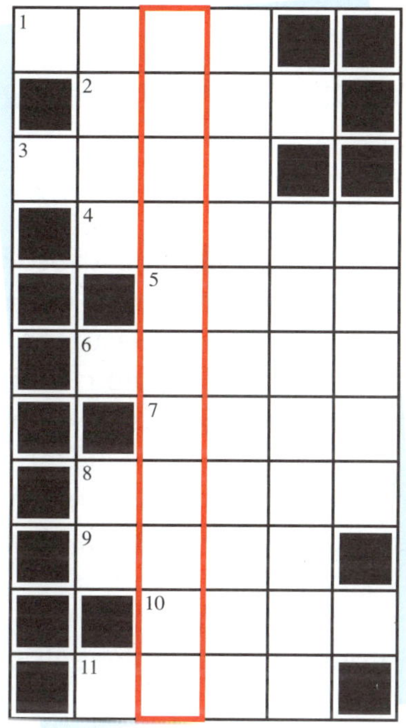

A Natale è bello poter fare i regali con uno spirito diverso dal solito perché dovrebbero avere il sapore del Dono vero e proprio.
Non è detto che tutti i doni natalizi si debbano acquistare, potresti provare a costruirli tu, artigianalmente, soprattutto quelli per le persone a te più care.
Fatti aiutare dai tuoi fratelli o dai tuoi genitori e… vedrai che successo!
E sai perché? Perché nasceranno dall'impegno del cuore, infatti con un regalo preparato con le tue mani tu doni anche il tuo tempo, la tua capacità, i tuoi gusti… quindi un po' te stesso.

Ti suggerisco un'idea a pag. 48, ma ce ne sono infinite altre, basta un po' di fantasia e tanto amore!

@ Caro Gesù, ti dono...

TAPPA 4 incontro 8

Impariamo da Gesù ad amare in famiglia

giare
miracoli

Tre giorni dopo, ci fu uno sposalizio a Cana di Galilea e c'era la madre di Gesù. Fu invitato alle nozze anche Gesù con i suoi discepoli. Nel frattempo, venuto a mancare il vino, la madre di Gesù gli disse: «Non hanno più vino». E Gesù rispose: «Che ho da fare con te, o donna? Non è ancora giunta la mia ora». La madre dice ai servi: «Fate quello che vi dirà».
Vi erano là sei **giare** di pietra per la purificazione dei Giudei, contenenti ciascuna due o tre barili. E Gesù disse loro: «Riempite d'acqua le giare»; e le riempirono fino all'orlo. Disse loro di nuovo: «Ora attingete e portatene al maestro di tavola». Ed essi gliene portarono. E come ebbe assaggiato l'acqua diventata vino, il maestro di tavola, che non sapeva di dove venisse (ma lo sapevano i servi che avevano attinto l'acqua), chiamò lo sposo e gli disse: «Tutti servono da principio il vino buono e, quando sono un po' brilli, quello meno buono; tu invece hai conservato fino ad ora il vino buono». Così Gesù diede inizio ai suoi **miracoli** in Cana di Galilea, manifestò la sua gloria e i suoi discepoli credettero in lui.

(Gv 2,1-11)

Non sei curioso di sapere *tre giorni dopo* .... **che cosa**? Risolvi il gioco della pagina accanto e scoprirai dove Gesù si trovava 3 giorni prima. Cerca sulla cartina a pagina 53 **dove** si trova Cana di Galilea.
Chi è stato invitato alle nozze?
Ad un certo punto della festa succede un contrattempo, **quale**? **Chi** e **come** interviene per risolvere il problema?
Su richiesta di **chi**? **Che cosa** dice il maestro di tavola allo sposo? **Quale** fu il risultato del primo miracolo di Gesù?

Sei mai stato ad una festa di matrimonio? Fatti raccontare dal catechista come si svolgeva la festa al tempo di Gesù e poi trova le differenze con quella o quelle a cui hai partecipato.
Il vino veniva servito allora e anche oggi, quindi è un elemento importante.
Perché Gesù ha deciso di trasformare l'acqua in un vino molto buono e non in uno più scadente come era usanza a quei tempi? **Da che cosa** si ricava il vino? **Che cosa** "indica" per i cristiani il vino? Se vai a leggere Gv 15,1 troverai la frase che ti spiega molte cose sul vino e sul suo significato per noi cristiani.
Anche noi, quindi, dobbiamo diventare .... per gli altri, ma .... buono e non scadente!
Dopo il miracolo di Cana i discepoli che cosa fecero? Dopo la morte e risurrezione di Gesù i discepoli che cosa fecero? Possiamo dire che Gesù inizia a "farsi conoscere" a Cana, secondo l'evangelista Giovanni, e finisce di "farsi conoscere" dopo la risurrezione.

Tre giorni dopo che... ______________________________

Trova la risposta collegando le lettere nel grappolo d'uva dal numero 1 al 39
e verifica leggendo Gv 1,43-50.

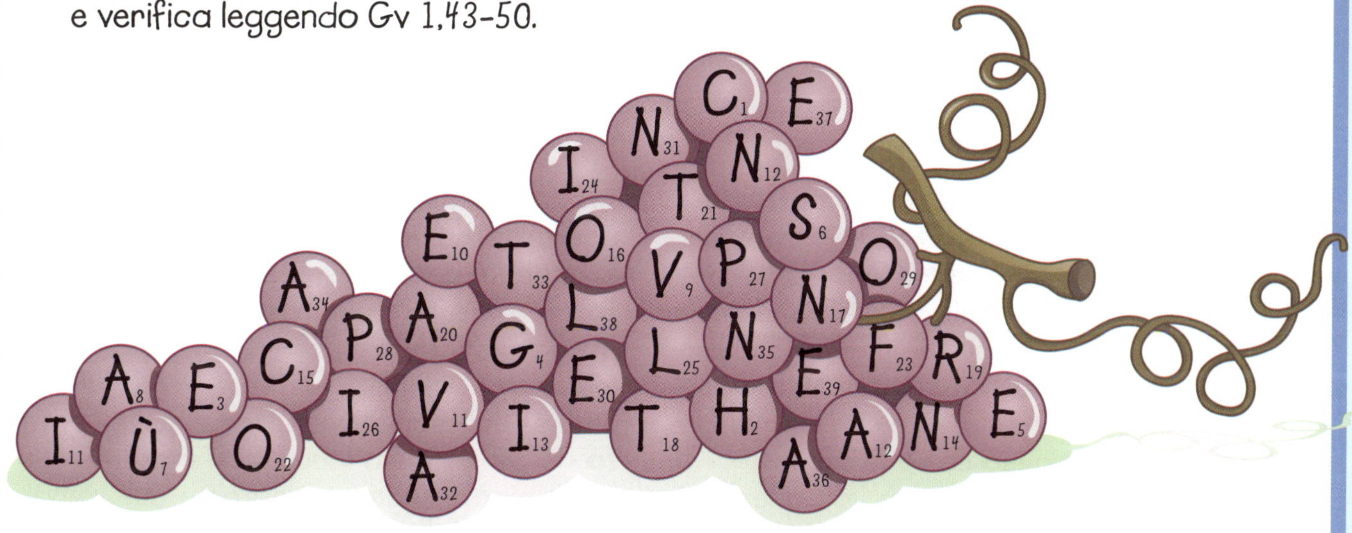

Le due vignette, rappresentanti le nozze di Cana, sembrano uguali, in realtà ci sono ben 6 particolari che le differenziano, quali sono?

Gesù dice alla mamma: "...Non è ancora giunta la mia ora...".

S.O.S. catechista AIUTO! (a quale ora si riferisce Gesù).

La parola chiave dell'incontro è ...

____

Caro Gesù, voglio diventare anch'io...

____

____

____

____

TAPPA 5 incontro 9

"Va' e fa' anche tu lo stesso"

Un **dottore della legge** si alzò per metterlo alla prova: «Maestro, che devo fare per ereditare la **vita eterna**?». Gesù gli disse: «Che cosa sta scritto nella Legge? Che cosa vi leggi?». Costui rispose: «Amerai il Signore Dio tuo con tutto il tuo cuore, con tutta la tua anima, con tutta la tua forza e con tutta la tua mente e il prossimo tuo come te stesso».
E Gesù: «Hai risposto bene; fa' questo e vivrai».
Ma quegli, volendo giustificarsi, disse a Gesù: «E chi è il mio **prossimo**?».
Gesù riprese:
«Un uomo scendeva da Gerusalemme a Gerico e incappò nei briganti che lo spogliarono, lo percossero e poi se ne andarono, lasciandolo mezzo morto. Per caso, un **sacerdote** scendeva per quella medesima strada e quando lo vide passò oltre dall'altra parte. Anche un **levita**, giunto in quel luogo, lo vide e passò oltre. Invece un **Samaritano**, che era in viaggio, passandogli accanto lo vide e n'ebbe compassione. Gli si fece vicino, gli fasciò le ferite, versandovi olio e vino; poi, caricatolo sopra il suo **giumento**, lo portò a una locanda e si prese cura di lui. Il giorno seguente, estrasse due denari e li diede all'albergatore, dicendo: Abbi cura di lui e ciò che spenderai in più, te lo rifonderò al mio ritorno. Chi di questi tre ti sembra sia stato il **prossimo** di colui che è incappato nei briganti?».
Quegli rispose: «Chi ha avuto compassione di lui». Gesù gli disse: «Va' e anche tu fa' lo stesso».

(Lc 10,29-37)

dottore della legge
vita eterna
prossimo
levita
sacerdote
Samaritano
giumento

Una persona importante mette alla prova Gesù, **di chi** si tratta?
Perché era importante?
Gesù lo invita a consultare la Legge e lui, che la conosceva bene, **che cosa** risponde?
Gesù sembra soddisfatto della risposta e gli consiglia di metterla in pratica, ma il dottore della Legge ha un dubbio, **quale**?
A questo punto Gesù gli racconta una storia i cui interpreti sono 5:

....

Ma il protagonista è ~~uomo~~...Samaritano
Prova ad immaginare come si sono svolti i fatti, cerca sulla cartina a pagina 52 il tratto che va da Gerusalemme a Gerico e con l'aiuto della catechista e dei compagni ricostruisci la storia drammatizzandola.

È importante per te, come per il dottore della Legge, ottenere la "vita eterna"?
Ti è mai capitato di assistere ad un fatto simile? Racconta.
Ti è mai capitato di essere coinvolto in un episodio simile? Racconta.
Quale dei personaggi ti è piaciuto di più? mi è piaciuto il samaritano
È accaduto che non hai aiutato qualcuno in difficoltà prendendo delle scuse?
Chi è per te il tuo "prossimo"? il fratello

Individua gli interpreti del racconto, mettendo in ordine le scritte che hanno sopra la testa, poi scegli una o più qualità/difetti che appaiono e con una freccia attribuiscile ai personaggi.

Scegli quali orme avresti ricalcato: quelle del sacerdote? del levita? del samaritano? oppure di una quarta persona che avrebbe fatto qualcosa di diverso?

- SAMARITANO ☐
- SACERDOTE ☐
- LEVITA ☐
- .... ☐

@ Caro Gesù, voglio diventare anch'io...

____

____

____

____

TAPPA 5 incontro 10

Seguire Gesù per essere beati

beati

Vedendo le folle, Gesù salì sulla montagna e, messosi a sedere, gli si avvicinarono i suoi discepoli. Prendendo allora la parola, li ammaestrava dicendo:
«**Beati** i poveri in spirito,
perché di essi è il regno dei cieli.
Beati gli afflitti,
perché saranno consolati.
Beati i miti,
perché erediteranno la terra.
Beati quelli che hanno fame e sete
della giustizia,
perché saranno saziati.
Beati i misericordiosi,
perché troveranno misericordia.
Beati i puri di cuore,
perché vedranno Dio.
Beati gli operatori di pace,
perché saranno chiamati figli di Dio.
Beati i perseguitati per causa della giustizia,
perché di essi è il regno dei cieli.
Beati voi quando vi insulteranno, vi perseguiteranno e, mentendo, diranno ogni sorta di male contro di voi per causa mia.
Rallegratevi ed esultate, perché grande è la vostra ricompensa nei cieli.
Così infatti hanno perseguitato i profeti prima di voi».

(Mt 5,1-12)

Dove salì Gesù?
Perché?
Che cosa fece?
Ti sembra logico
quello che dice Gesù?
Che cosa succede
ai beati?
A loro **che cosa** è riservato?

Hai mai usato l'espressione "Beato te!"?
In quale occasione?
Riferita **a chi**?
Dopo aver sentito come la pensa Gesù sei ancora convinto che quella persona era beata?
Unisciti a Tommaso e a Giulietta e prova a individuare i beati di oggi.

Giulietta e Tommaso non ricordano quali sono le vere beatitudini proclamate da Gesù. Trova tu, tra le varie frasi, quelle indicate nel testo evangelico e segnale con una crocetta rossa.

- ☒ Beati quelli che sono poveri di fronte a Dio
- ☐ Beati quelli che vanno in chiesa tutte le domeniche
- ☒ Beati quelli che sopportano ogni cosa per Gesù Cristo
- ☒ Beati quelli che sono nella tristezza
- ☒ Beati quelli che sono puri di cuore
- ☐ Beati quelli che sanno cucinare
- ☐ Beati quelli che non fanno arrabbiare i genitori
- ☒ Beati quelli che non sono violenti
- ☒ Beati quelli che amano la giustizia
- ☐ Beati quelli che non dicono parolacce
- ☒ Beati quelli che hanno compassione degli altri
- ☐ Beati quelli che pregano prima di addormentarsi
- ☒ Beati quelli che diffondono la pace
- ☐ Beati quelli che leggono la Bibbia
- ☒ Beati quelli che sono perseguitati

Colora le caselle che hanno i numeri sotto riportati:
le lettere delle caselle colorate spiegano che cosa annunciano le beatitudini.

T 1	U 2	S 3	N 4	A 5	F 6	T 7	E 8	L 9	R 10	I 11	C 12	I 13	Q 14	T 15	C 16	A 17	D 18
I 19	D 20	V 21	E 22	M 23	R 24	S 25	L 26	A 27	D 28	A 29	S 30	Q 31	U 32	R 33	E 34	L 35	L 36
A 37	C 38	G 39	H 40	E 41	Z 42	C 43	O 44	U 45	F 46	N 47	O 48	S 49	O 50	C 51	I 52	P 53	A 54
M 55	O 56	S 57	C 58	O 59	I 60	O 61	E 62	T 63	C 64	I 65	V 66	I 67	N 68	Z 69	D 70	I 71	U 72
C 73	A 74	A 75	E 76	C 77	H 78	R 79	I 80	O 81	A 82	P 83	S 84	P 85	V 86	P 87	G 88	A 89	R 90
T 91	I 92	T 93	E 94	Z 95	N 96	E 97	G 98	I 99	G 100	L 101	Z 102	S 103	R 104	B 105	E 106	F 107	G 108
Z 109	N 110	Z 111	O 112	Z 113	F 114	D 115	V 116	I 117	F 118	G 119	Q 120	S 121	D 122	P 123	I 124	Z 125	O 126

2,4,5 – 6,8,9,11,12,13,15,17 – 18,19,21,22,24,25,27 – 28,29 –31,32,34,35,36,37
38,40,4143,44,47,48,49,51,52,54,55,56– 58,60,61,62 – 64,65 – 67,68,70,71,73,74– 75 – 77,78,80
82,85,87,89,90,91,92,94,96,97 – 99,101– 104,106,108,110,112 – 115,117 – 122,124,126

____

____

____

Caro Gesù, vorrei essere...

____

____

____

____

TAPPA 5 incontro 11

Le dieci parole per vivere

alleanza

Mosè convocò tutto Israele e disse loro: «Ascolta, Israele, le leggi e le norme che oggi io proclamo dinanzi a voi: imparatele e custoditele e mettetele in pratica. Il Signore nostro Dio ha stabilito con noi un'**alleanza** sull'Oreb. Il Signore non ha stabilito questa alleanza con i nostri padri, ma con noi che siamo qui oggi tutti in vita. Il Signore vi ha parlato faccia a faccia sul monte dal fuoco, mentre io stavo tra il Signore e voi, per riferirvi la parola del Signore, perché voi avevate paura di quel fuoco e non eravate saliti sul monte. Egli disse: "........."».
Vai a leggere sulla tua Bibbia la continuazione del brano fino al versetto 22.

(Dt 5,1-5)

S.O.S. catechista AIUTO! (conosci la storia di Mosè?).

Quale comandamento è stato modificato?
Tieni presente che questo testo era valido per persone che vissero circa 2500 anni fa, quello che non ti deve stupire è il fatto che il messaggio sia valido anche per noi oggi. Infatti i cristiani hanno rielaborato e sintetizzato i dieci comandamenti ispirandosi a questo passo del libro del Deuteronomio. Elencali:

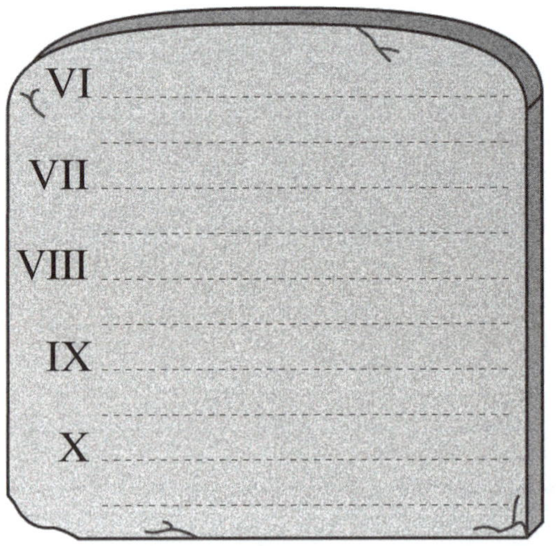

Quante volte hai avuto bisogno dell'aiuto di mamma, papà o dei nonni perché non sapevi come cavartela? **Quante** volte hai voluto fare di testa tua e hai combinato dei guai?
Anche gli adulti hanno bisogno di essere sempre guidati bene e questo aiuto lo possono trovare in Dio Padre. Prova a chiedere ai tuoi genitori quante volte nella vita si sono sentiti persi come un esploratore senza mappa.
Dio ha dato all'uomo una "mappa" con 10 segnali di pericolo: i comandamenti.
Ognuno è libero di scegliere la strada indicata dalla mappa o di trasgredirla prendendo quella pericolosa. Gioca con i tuoi genitori al gioco proposto nella pagina accanto e...
Buona avventura!

Giochiamo insieme con i compagni, con gli amici, con i genitori a:

LA MAPPA DEL TESORO

Osservate la mappa:
immaginate un esploratore in mezzo alla giungla alla ricerca di un tesoro, ma ahimè è senza mappa!

A quali pericoli andrà incontro?
Come farà ad arrivare?
Come puoi aiutarlo?
Come indicargli la strada giusta?

Per giocare trovi le indicazioni più avanti a pagina 58.

La frase chiave dell'incontro è nascosta in questa tabella. In ogni riga cancella le lettere che compongono la parola a fianco. Le lettere che rimarranno ti serviranno per ricomporre la frase.

PIETRA	E	A	A	T	R	M	P	I
EGITTO	I	T	O	A	G	T	D	E
PAROLA	I	O	A	R	P	L	O	A
SABATO	T	O	A	A	E	B	S	I
FIGLIE	L	L	F	E	I	G	I	P
BIBBIA	B	I	R	A	B	O	B	I
DONARE	S	E	A	R	S	O	N	D
SCHIAVO	S	O	H	V	A	I	I	C
CAPIRE	I	M	C	P	R	E	O	A

_ _ _ _ _ _ _ _ _ _ _ _ _ _ _ _ _ _

Caro Gesù, anch'io ho bisogno di...

____

____

____

____

Amare la vita e il prossimo

adirarsi sinedrio
Geenna
pubblicani
pagani

«Avete inteso che fu detto agli antichi: Non uccidere; chi avrà ucciso sarà sottoposto a giudizio. Ma io vi dico: chiunque **si adira** con il proprio fratello, sarà sottoposto a giudizio. Chi poi dice al fratello: stupido, sarà sottoposto al **sinedrio**; e chi gli dice: pazzo, sarà sottoposto al fuoco della **Geenna**.
Se dunque presenti la tua offerta sull'altare e lì ti ricordi che tuo fratello ha qualche cosa contro di te, lascia lì il tuo dono davanti all'altare e va' prima a riconciliarti con il tuo fratello e poi torna ad offrire il tuo dono.
Avete inteso che fu detto: Amerai il tuo prossimo e odierai il tuo nemico; ma io vi dico: amate i vostri nemici e pregate per i vostri persecutori, perché siate figli del Padre vostro celeste, che fa sorgere il suo sole sopra i malvagi e sopra i buoni, e fa piovere sopra i giusti e sopra gli ingiusti. Infatti se amate quelli che vi amano, quale merito ne avete? Non fanno così anche i **pubblicani**? E se date il saluto soltanto ai vostri fratelli, che cosa fate di straordinario? Non fanno così anche i **pagani**?».

(Mt 5,21-24.43-47)

Gesù sta cercando di chiarire che cosa effettivamente Dio Padre chiede agli uomini affinché vivano in pace e in armonia. **Che cosa** ti consiglia di fare Gesù quando sei in cattivi rapporti con qualcuno? **Come** Gesù dice di comportarsi con i nemici e con i persecutori? Per **quale** motivo?

Quando Gesù commenta il comandamento «Non uccidere» non si riferisce solo al fatto di togliere la vita ad un altro, ma anche ....
Hai mai pensato che si può "uccidere" anche con le cattive parole, con la vendetta, con l'indifferenza?
Ti è mai capitato di comportarti così?
Qualcuno l'ha fatto con te?
Come ti sei sentito?
Prova a metterti nei panni degli ascoltatori di Gesù e rispondi alle sue domande.

Tommaso vuole riassumere le correzioni che Gesù ha fatto alle affermazioni degli antichi, ma non ha finito di completare la seconda parte: è meglio che ci pensi tu!

GLI ANTICHI DISSERO:	GESÙ INVECE DISSE:
Non uccidere: sarà giudicato chi avrà ucciso	**Non uccidere:** sarà giudicato chi si adira con il proprio fratello, chi gli dice stupido o pazzo.
Amerai il tuo prossimo e ______ ______	**Amerai il tuo prossimo** ______ ______

Caccia alle frasi nascoste nel brano: decodifica e trascrivi.

______
______
______

______
______
______

______
______
______

Caro Gesù, scelgo di impegnarmi a...

______
______
______
______

TAPPA 5 incontro 13

Siamo fatti a immagine di Dio

lucerna

E Dio disse: «Facciamo l'uomo a nostra immagine, a nostra somiglianza, e domini sui pesci del mare e sugli uccelli del cielo, sul bestiame, su tutte le bestie selvatiche e su tutti i rettili che strisciano sulla terra».

Dio creò l'uomo a sua immagine;
a immagine di Dio lo creò;
maschio e femmina li creò.

Allora Adamo esclamò: «Questa, sì, è osso delle mie ossa e carne della mia carne! Questa sarà chiamata donna, perché è stata tratta dall'uomo». Per questo l'uomo lascia suo padre e sua madre e si unisce alla sua donna e diventano una sola carne. Ora, Adamo e sua moglie Eva erano ambedue nudi, e non avevano vergogna l'uno dell'altro.

(Gn 1,26-27; 2,23-25)

La **lucerna** del corpo è l'occhio; se dunque il tuo occhio è chiaro, tutto il tuo corpo sarà nella luce; ma se il tuo occhio è malato, tutto il tuo corpo sarà tenebroso. Se dunque la luce che è in te è tenebra, quanto grande sarà la tenebra!

(Mt 6,22-23)

Che cosa decide di fare Dio?
All'uomo e donna dà il potere di dominare **su che cosa**?
Ora il brano di Genesi viene ripetuto in poesia.
Prova ad impararla a memoria.
Secondo te, Adamo è contento che Dio ha creato anche la donna?
Quando l'uomo e la donna sono pronti lasciano il loro padre e la loro madre e vanno a vivere insieme.
Come si chiama fare questo?
Adamo ed Eva provavano vergogna?
Passiamo all'ultima parte:
che cosa rappresenta l'occhio per il corpo?
Se il tuo occhio è sano tutto il tuo corpo sarà …………
Se il tuo occhio è malato tutto il tuo corpo sarà …………

Gli uomini hanno effettivamente il potere di dominare sugli animali?
Dio ha pensato di creare il maschio e la femmina, **perché** secondo te?
Che cosa vuol dire che la lucerna del corpo è l'occhio?
All'inizio Adamo ed Eva vivevano sereni e non si vergognavano di nulla, perché? Forse perché i loro occhi erano sani? Tu **di che cosa** ti vergogni? **Di che cosa** ci si deve vergognare veramente?

Per ogni vignetta descrivi il dono di Dio e l'uso che ne ha fatto l'uomo.

Tu sai che Dio formò l'uomo con la terra? Che cosa significa?
Rispondi scegliendo fra queste affermazioni:

- ☐ L'essere umano non vale niente perché è fatto di terra.
- ☐ L'essere umano deve rispettare le terra perché ne è parte.
- ☐ Dio ha usato la terra perché non era ancora stata inventata la plastica.

Il fatto che la donna sia tratta dall'uomo, secondo te, che cosa vuol dire?
Ha ragione Tommaso o Giulietta?

@ Caro Gesù, avrò cura di...

Liberi dalla schiavitù delle cose e delle parole

«Non accumulatevi tesori sulla terra, dove **tignola** e **ruggine** consumano e dove ladri scassinano e rubano; accumulatevi invece tesori nel cielo, dove né **tignola** e ruggine consumano, e dove ladri non scassinano e non rubano. Perché là dov'è il tuo tesoro, sarà anche il tuo cuore. Nessuno può servire a due padroni: o odierà l'uno e amerà l'altro o preferirà l'uno e disprezzerà l'altro: non potete servire a Dio e a **mammona**.
Perciò vi dico: per la vostra vita non affannatevi di quello che mangerete o berrete, e neanche per il vostro corpo, di quello che indosserete; la vita forse non vale più del cibo e il corpo più del vestito? Guardate gli uccelli del cielo: non seminano, né mietono, né ammassano nei granai; eppure il Padre vostro celeste li nutre. Non contate voi forse più di loro? E chi di voi, per quanto si dia da fare, può aggiungere un'ora sola alla sua vita? E perché vi affannate per il vestito? Osservate come crescono i gigli del campo: non lavorano e non filano. Eppure io vi dico che neanche **Salomone**, con tutta la sua gloria, vestiva come uno di loro. Ora se Dio veste così l'erba del campo, che oggi c'è e domani verrà gettata nel forno, non farà assai più per voi, gente di poca fede? Non affannatevi dunque dicendo: Che cosa mangeremo? Che cosa berremo? Che cosa indosseremo? Di tutte queste cose si preoccupano i pagani; il Padre vostro celeste infatti sa che ne avete bisogno. Cercate prima il regno di Dio e la sua giustizia, e tutte queste cose vi saranno date in aggiunta. Non affannatevi dunque per il domani, perché il domani avrà già le sue **inquietudini**. A ciascun giorno basta la sua pena».

(Mt 6,19-21.24-34)

Che cosa consiglia Gesù?
Ti fa notare che i tesori della terra possono ....
perciò non sarà tanto importante avere grandi ricchezze,
ma possederle nel tuo cuore dove nessuno può ....
Gesù dice ancora che nessuno è in grado di servire due .... **perché**?
Quali sono i due padroni che non si possono servire contemporaneamente?
Gesù ti invita a non preoccuparti e affannarti **per che cosa**?
Ti dice che qualcuno pensa a tutti, anche agli animali e alla natura: **chi** è?
Ti assicura che se cercherai il .... e la .... il necessario per vivere ti verrà dato in .... Conclude dicendo che ciascun giorno ha ....

Quando accendi la TV e vedi le notizie del telegiornale, **quante** volte ti è capitato di sentire parlare di furti, rapine e imbrogli?
Quante volte hai sentito i tuoi genitori o altri adulti commentare che i soldi non valgono più niente, che tutto è troppo caro, che certi politici sono bugiardi e imbroglioni e ci rimettono sempre i più poveri?
È più importante calpestare tutto e tutti per ottenere ciò che si vuole: denaro, potere, proprietà oppure accontentarsi di ciò che si ha, lavorando e comportandosi onestamente rispettando tutto e tutti?
Qualche adulto commenta che facendo così tutti se ne approfittano e si passa da stupidi.
Sei d'accordo? Per sapere come la pensa il Signore in proposito ti invito alla pagina di destra!

Prendiamo ad esempio due personaggi, uno è San Francesco,

l'altro è Paperon de' Paperoni. Cerca sul giornalino Topolino qualche scenetta in cui Paperon de' Paperoni si tuffa nell'oro, o si arma contro la banda Bassotti... Ritagliale e incollale in questi riquadri.

Sono due figure completamente opposte, anche se San Francesco è realmente esistito, mentre Paperon de' Paperoni è un personaggio di fantasia.
Dopo aver scoperto chi era San Francesco a pagina 47 chiedi ai tuoi genitori di aiutarti a trovare le differenze e le caratteristiche dei due personaggi, trascrivile qui sotto e poi confrontale con i tuoi compagni.

ULTERIORI CONSIGLI DA GESÙ

Riguarda l'incontro n. 12 e leggi i brani Mt 12,35 – Mt 10,16 e ss.

@

Caro Gesù, i tesori che accumulerò saranno...

Amare gli altri come Gesù ama noi

cingere
avrai parte

Prima della festa di Pasqua Gesù, sapendo che era giunta la sua ora di passare da questo mondo al Padre, dopo aver amato i suoi che erano nel mondo, li amò sino alla fine. Mentre cenavano, quando già il diavolo aveva messo in cuore a Giuda Iscariota, figlio di Simone, di tradirlo, Gesù sapendo che il Padre gli aveva dato tutto nelle mani e che era venuto da Dio e a Dio ritornava, si alzò da tavola, depose le vesti e, preso un asciugatoio, se lo cinse attorno alla vita. Poi versò dell'acqua nel catino e cominciò a lavare i piedi dei discepoli e ad asciugarli con l'asciugatoio di cui si era **cinto**. Venne dunque da Simon Pietro e questi gli disse: «Signore, tu lavi i piedi a me?». Rispose Gesù: «Quello che io faccio, tu ora non lo capisci, ma lo capirai dopo». Gli disse Simon Pietro: «Non mi laverai mai i piedi!». Gli rispose Gesù: «Se non ti laverò, non **avrai parte** con me». Gli disse Simon Pietro: «Signore, non solo i piedi, ma anche le mani e il capo!». Soggiunse Gesù: «Chi ha fatto il bagno, non ha bisogno di lavarsi se non i piedi ed è tutto mondo; e voi siete mondi, ma non tutti». Sapeva infatti chi lo tradiva; per questo disse: «Non tutti siete mondi».
Quando dunque ebbe lavato loro i piedi e riprese le vesti, sedette di nuovo e disse loro: «Sapete ciò che vi ho fatto? Voi mi chiamate Maestro e Signore e dite bene, perché lo sono. Se dunque io, il Signore e il Maestro, ho lavato i vostri piedi, anche voi dovete lavarvi i piedi gli uni gli altri. Vi ho dato infatti l'esempio, perché come ho fatto io, facciate anche voi».
(Gv 13,1-15)

Questo episodio, raccontato dall'evangelista Giovanni, **quando** avviene? Gesù sa che è quasi giunta la sua ora. In quale incontro hai incontrato una frase simile? **Che cosa** vuol dire questa volta? **Con chi** si trovava a cena Gesù? Ad un certo punto Gesù decide di fare **che cosa**? Ripeti ad alta voce esattamente tutti i gesti che ha fatto Gesù. Quando è il turno di Simon Pietro **che cosa** accade? Ripeti ad alta voce il colloquio che ha Gesù con Simon Pietro facendoti aiutare da un compagno. Terminato di lavare i piedi ai suoi discepoli Gesù **che cosa** fa? **Che cosa** dice?

Hai mai sentito l'espressione: Non era ancora la sua ora! **Da chi** l'hai sentita e in quale occasione è stata detta? **Perché** i discepoli si stupiscono del fatto che Gesù lava loro i piedi?
Perché Simon Pietro reagisce così? **A chi** era affidato normalmente questo compito?
Come mai lo svolge Gesù? **Che cosa** vuole dimostrare ai suoi discepoli?
Che cosa vuole insegnare a loro?
È solo una questione di piedi puliti o Gesù vuole andare molto oltre?
Ti è mai capitato di lavare i piedi a qualcuno? Eri più in imbarazzo tu o l'altra persona?
È sicuramente un gesto umile che nasconde un grande amore per il prossimo.
Se non l'hai mai fatto ti sentiresti di farlo in caso di bisogno?
Ti sentiresti di offrire il tuo servizio anche in altre occasioni di bisogno?
Gesù **che cosa** chiese ai suoi discepoli? Non è la stessa cosa che chiede ad ogni persona ricca o povera, potente o umile?

Le due vignette, rappresentanti la lavanda dei piedi, sembrano uguali, in realtà ci sono ben 4 particolari che le differenziano, quali sono?

Giulietta e Tommaso stanno litigando perché entrambi vogliono lavare i piedi all'altro.
Qual è lo sbaglio che stanno facendo?
Quale consiglio offriresti per risolvere la questione?

Tommaso e Giulietta, grazie al tuo aiuto, hanno fatto pace.
Ora però sono impegnati a decidere quali servizi possono fare agli altri.
Tu che cosa consiglieresti?

A quale giorno è collegata la fune che parte dalla brocca? Scoprilo tu stesso, potrai così conoscere in quale giorno della Settimana Santa viene celebrato il rito della "lavanda dei piedi".

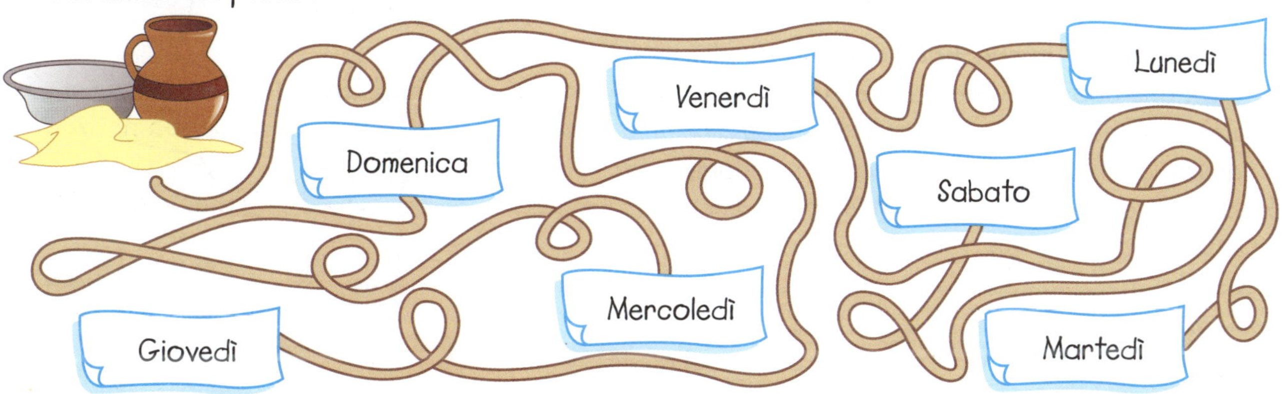

Caro Gesù, da domani farò...

TAPPA 6 incontro 16

Il Signore è buono e ci perdona

scribi
adulterio
lapidare

Gesù si avviò allora verso il monte degli Ulivi. Ma all'alba si recò di nuovo nel tempio e tutto il popolo andava da lui ed egli, sedutosi, li ammaestrava. Allora gli **scribi** e i farisei gli conducono una donna sorpresa in **adulterio** e, postala nel mezzo, gli dicono: «Maestro, questa donna è stata sorpresa in flagrante **adulterio**. Ora Mosè, nella Legge, ci ha comandato di **lapidare** donne come questa. Tu che ne dici?». Questo dicevano per metterlo alla prova e per avere di che accusarlo. Ma Gesù, chinatosi, si mise a scrivere col dito per terra. E siccome insistevano nell'interrogarlo, alzò il capo e disse loro: «Chi di voi è senza peccato, scagli per primo la pietra contro di lei». E chinatosi di nuovo, scriveva per terra. Ma quelli, udito ciò, se ne andarono uno per uno, cominciando dai più anziani fino agli ultimi. Rimase solo Gesù con la donna là in mezzo. Alzatosi allora Gesù le disse: «Donna, dove sono? Nessuno ti ha condannata?». Ed essa rispose: «Nessuno, Signore». E Gesù le disse: «Neanch'io ti condanno; va' e d'ora in poi non peccare più».

(Gv 8,1-11)

Dove si trova il monte degli Ulivi?
Consulta la piantina di Gerusalemme qui a fianco.
All'alba Gesù si reca nel tempio **con chi**?
Che cosa fa?
Gli scribi e i farisei **chi** gli conducono?
Che cosa dicono? **In che modo** lo mettono alla prova?
Ti aiuto: **Che cosa** prevedeva la Legge?
Loro erano osservanti della Legge? Se Gesù dice qualcosa di contrario alla Legge **come** può venire considerato?
Gesù è furbo, aggira l'ostacolo o, come si dice, rigira la frittata e dice:
....
Gesù quindi li ha costretti a farsi l'esame di coscienza concludendo che in realtà non erano così giusti come credevano, perciò **che cosa** fanno?
Poi Gesù si dedica alla donna e **che cosa** le chiede?
Infine la perdona, ma le chiede di non ....

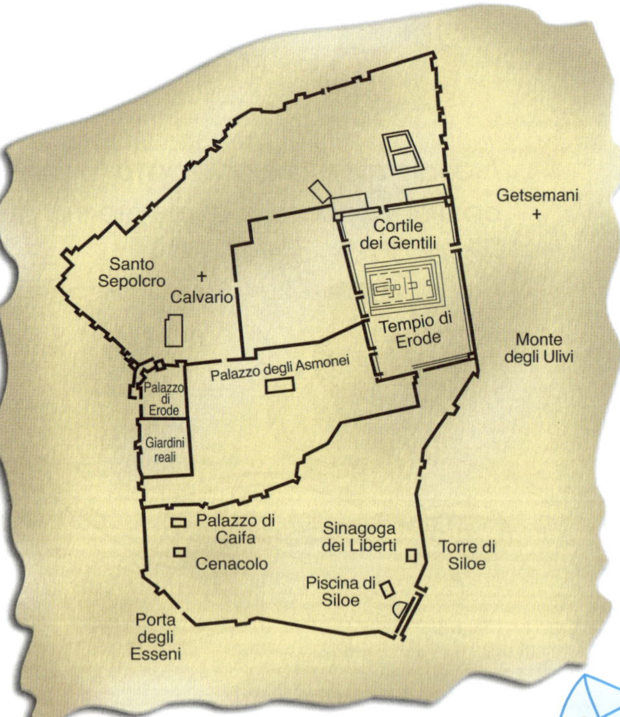

Quante volte ti sei sentito a posto con la tua coscienza al punto di giudicare gli errori degli altri? Solo Gesù è senza peccato, solo lui può giudicare, ma lo fa con tanto amore, capisce le nostre debolezze ed è sempre pronto a perdonarci e a darci un'altra possibilità.
Quando incontri Gesù che ti perdona?
Quanto ti senti pronto a fare altrettanto con chi ti ha offeso o si è comportato male?

Completa o medita le seguenti affermazioni e nota le differenze!

Mosè nella Legge comanda di lapidare le donne adultere

Gesù dice: ....

Gli scribi e i farisei osservano la L..

Gesù la perfeziona

Gli scribi e i farisei si sentivano giusti

Gesù dimostra invece che...

Gli scribi, i farisei e la gente rinunciano a giudicare

Gesù .... la donna

Tommaso ha proprio la passione per la fotografia, pensa che ha fotografato alcune scene dell'episodio evangelico che Giulietta, bravissima disegnatrice, ha dipinto. Ora bisogna inserirle nell'album. Vuoi farlo tu?

Caro Gesù, anch'io ho bisogno di...

Felici di essere perdonati

scribi
dramma
lucerna

Si avvicinavano a lui tutti i pubblicani e i peccatori per ascoltarlo. I farisei e gli **scribi** mormoravano: «Costui riceve i peccatori e mangia con loro». Allora egli disse loro questa parabola: «Chi di voi se ha cento pecore e ne perde una, non lascia le novantanove nel deserto e va dietro a quella perduta, finché non la ritrova? Ritrovatala, se la mette in spalla tutto contento, va a casa, chiama gli amici e i vicini dicendo: Rallegratevi con me, perché ho trovato la mia pecora che era perduta. Così, vi dico, ci sarà più gioia in cielo per un peccatore convertito, che per novantanove giusti che non hanno bisogno di conversione. O quale donna, se ha dieci **dramme** e ne perde una, non accende la **lucerna** e spazza la casa e cerca attentamente finché non la ritrova? E dopo averla trovata, chiama le amiche e le vicine, dicendo: Rallegratevi con me, perché ho ritrovato la **dramma** che avevo perduta. Così, vi dico, c'è gioia davanti agli angeli di Dio per un solo peccatore che si converte».

(Lc 15,1-10)

Chi si avvicina a Gesù per ascoltarlo?
Che cosa mormorano i farisei e gli scribi? Gesù fa loro due esempi.
Che cosa fa un pastore che possiede 100 pecore se ne perde una? **Perché**?
In cielo si farà festa **per chi**?
Che cosa fa la donna che perde una dramma? E dopo averla ritrovata?
Chi gioisce per un solo peccatore che si converte?

Bibbia

Perché si avvicinano a Gesù i pubblicani e i peccatori, e i farisei e gli scribi si tengono in disparte?
Come puoi definire l'atteggiamento di questi ultimi?
Se tu avessi 100 pecore e ne perdessi 1 **che cosa** faresti?
Gesù paragona le pecore **a chi**?
Ti fa piacere sapere che in cielo festeggiano anche solo per una persona?
Se tu perdessi 100 euro nella tua cameretta, forse disordinatissima, li cercheresti con lo stesso impegno di quella donna?
Sei contento che Dio prepara una festa anche per una sola persona che si converte?

Chi sono questi personaggi?

____

____

Che vergogna! Lo si vede sempre più spesso dialogare con gente malfamata!

Non solo... va anche a casa loro!

Giulietta e Tommaso non hanno fatto un gran bel lavoro e non l' hanno neanche finito. Ci pensi tu? Riordina ed evidenzia con lo stesso colore le parti simili dei due racconti.

Quando la trova, se la mette sulle spalle pieno di gioia e ritorna a casa sua. Poi chiama gli amici e i vicini e dice loro:

"Se uno di voi ha cento pecore e ne perde una che cosa fa?".

"Fate festa con me, perché ho ritrovato la mia pecora, quella che si era smarrita".

Lascia le altre novantanove al sicuro per andare a cercare quella che si era smarrita e la cerca finché non l'ha trovata.

"Fate festa con me, perché ho ritrovato la moneta d'argento che avevo perduta".

Quando l'ha ritrovata chiama le amiche e le vicine di casa e dice loro:

"Se una donna possiede dieci monete d'argento e ne perde una, che cosa fa?".

Accende la luce, spazza bene la casa e si mette a cercare accuratamente la sua moneta finché non la trova.

In ogni moneta cancella le parole affini o contrarie e trascrivi sotto le rimanenti. Otterai così il messaggio conclusivo dei testi letti.

____

SOLE LA LUNA	MAMMA PAPÀ GRANDE	CANE GIOIA GATTO	DEL PERO MELO	SCI CALCIO PASTORE	E MI FA	MARE DELLA PESCI	DONNA PECORA AGNELLO	È ALCE OCA
FAME SIMILE SETE	ALL' ALT STOP	PACE IMMENSA GUERRA	SALE ZUCCHERO GIOIA	MUCCA PROVATA VITELLO	DA VENTI DIECI	TUO MIO DIO	TAVOLO QUANDO SEDIA	LEGGE REGOLA UNO
GIORNO NOTTE DI	NOI TRE DUE	NOI SI VOI	RISO RIAVVICINA PIANTO	A PER PIÙ	LUI MOSÈ NOÈ	TOPO RATTO DOPO	SEMPRE ESSERSENE MAI	FUNERALE ALLONTANATO FESTA

Caro Gesù, ... ______________________

____

____

TAPPA 6 incontro 18

Gesù è la forza per cambiare

sicomoro
Figlio dell'uomo

Entrato in Gerico, attraversava la città. Ed ecco un uomo di nome Zaccheo, capo dei pubblicani e ricco, cercava di vedere quale fosse Gesù, ma non gli riusciva a causa della folla, poiché era piccolo di statura. Allora corse avanti e, per poterlo vedere, salì su un **sicomoro**, poiché doveva passare di là. Quando giunse sul luogo, Gesù alzò lo sguardo e gli disse: «Zaccheo, scendi subito, perché oggi devo fermarmi a casa tua». In fretta scese e lo accolse pieno di gioia. Vedendo ciò, tutti mormoravano: «È andato ad alloggiare da un peccatore!». Ma Zaccheo, alzatosi, disse al Signore: «Ecco, Signore, io do la metà dei miei beni ai poveri; e se ho frodato qualcuno, restituisco quattro volte tanto». Gesù gli rispose: «Oggi la salvezza è entrata in questa casa, perché anch'egli è figlio di Abramo; il **Figlio dell'uomo** infatti è venuto a cercare e a salvare ciò che era perduto».

(Lc 19,1-10)

Ti ricordi **dov'è** Gerico e che cosa era successo? **Chi** è il protagonista di questo racconto? **Chi** è Zaccheo? **Che cosa** voleva fare? **Quale** difficoltà aveva? **Che cosa** decide di fare per risolvere il problema? Gesù lo vede? Sapeva già che si trovava lì? **Che cosa** gli dice? Zaccheo ubbidisce e lo invita ad andare **dove**? La gente **come** commenta il fatto? **Quale** decisione ha preso Zaccheo? Gesù **come** ha reagito?

Si sarà stupito Zaccheo di essere stato individuato e chiamato per nome da Gesù?
Perché Zaccheo ci teneva tanto a vedere Gesù?
Secondo te, aveva già in mente di convertirsi o l'avrà deciso **dopo** aver incontrato Gesù?
Perché la gente mormorava?
Che cosa ha fatto di tanto straordinario Zaccheo per stupire tutti?
Qual è il compito di Gesù?
Conosci persone ricche più o meno come Zaccheo?
Conosci persone ricche più o meno come Zaccheo che si comporterebbero come lui?
Se tu fossi al posto di Zaccheo quale decisione prenderesti?
Trai tu le conclusioni dall'intervista della pagina accanto.

Giornalista:	"Volevo chiederti: se tu avessi un milione di euro li regaleresti ai bambini poveri africani?".
Tommaso:	"Certo!".
Giornalista:	"Se avessi una grandissima casa la lasceresti ai senzatetto della tua città?".
Tommaso:	"Certo!".
Giornalista:	"Se avessi un ristorante inviteresti spesso i barboni?".
Tommaso:	"Certo!".
Giornalista:	"Se avessi una bella bicicletta la regaleresti a quel bimbo marocchino all'angolo?".
Tommaso:	"No!".
Giornalista:	"No?! Perché?".
Tommaso:	"Perché la bicicletta ce l'ho!".

L'incontro fra Gesù e Zaccheo fa brontolare la gente.
Perché? Segna la risposta esatta.

- ☐ 1. La gente è invidiosa di Zaccheo
- ☐ 2. Gesù deve stare soltanto con i maestri come lui
- ☐ 3. È scandaloso entrare in casa di un uomo disonesto

Scopri perché Zaccheo parla così: "Signore, la metà dei beni la do ai poveri e se ho rubato a qualcuno gli rendo quel che ho preso quattro volte tanto".

Ricopia nelle righe prima tutte le lettere nei quadrati e poi quelle nei cerchi e lo vedrai.

S E R I È T C I O T N O V

__ _ __________

Gesù dice: "Io sono venuto proprio a cercare e a salvare quelli...".

Completa il versetto.

☐☐☐ ☐☐☐☐☐ ☐☐☐☐☐☐☐

Caro Gesù, ho bisogno di essere ....
anch' io ____________________

TAPPA 6 incontro 19

In armonia con Dio e in pace con tutti

Disse loro una parabola sulla necessità di pregare sempre, senza stancarsi: «C'era in una città un giudice, che non temeva Dio e non aveva riguardo per nessuno. In quella città c'era anche una vedova, che andava da lui e gli diceva: Fammi giustizia contro il mio avversario. Per un certo tempo egli non volle; ma poi disse tra sé: Anche se non temo Dio e non ho rispetto di nessuno, poiché questa vedova è così molesta le farò giustizia, perché non venga continuamente a importunarmi». E il Signore soggiunse: «Avete udito ciò che dice il giudice disonesto. E Dio non farà giustizia ai suoi **eletti** che gridano giorno e notte verso di lui, e li farà a lungo aspettare? Vi dico che farà loro giustizia prontamente. Ma il Figlio dell'uomo, quando verrà, troverà la fede sulla terra?».

Disse ancora questa parabola per alcuni che presumevano di esser giusti e disprezzavano gli altri: «Due uomini salirono al tempio a pregare: uno era fariseo e l'altro pubblicano. Il fariseo, stando in piedi, pregava così tra sé: O Dio, ti ringrazio che non sono come gli altri uomini, ladri, ingiusti, adulteri, e neppure come questo pubblicano. Digiuno due volte la settimana e pago le decime di quanto possiedo. Il pubblicano invece, fermatosi a distanza, non osava nemmeno alzare gli occhi al cielo, ma si batteva il petto dicendo: O Dio, abbi pietà di me peccatore. Io vi dico: questi tornò a casa sua giustificato, a differenza dell'altro, perché chi si esalta sarà umiliato e chi si **umilia** sarà esaltato».

(Lc 18,1-14)

Gesù racconta **quante** parabole in quest'incontro? Il giudice della prima parabola **com**'era? Un giorno si presenta a lui una vedova che gli chiede **che cosa**? Il giudice subito non la accontenta, ma poi sì, **perché**? Gesù spiega **come** si comporta Dio con quelli che si rivolgono a lui. Mi dici **come**?
Nella seconda parabola due uomini salirono al Tempio a fare **che cosa**? **Chi** erano? **In quale** posizione stava il primo? **Che** tipo di atteggiamento aveva il secondo? **Che cosa** dice il primo? E il secondo? E Gesù **come** conclude?

Gesù dice che non solo è importante pregare, ma è necessario farlo senza ....
Se la vedova della parabola viene ascoltata da un uomo molto rigido perché aveva insistito tanto, figuriamoci se noi non veniamo ascoltati da Dio che è paziente, amorevole ....
Ora immaginati il fariseo e pensa se anche a te non è mai capitato di pregare in modo simile.
Prova a ricordare. È più gradito a Dio il modo di pregare del fariseo o del pubblicano?
Che cosa ne pensi?

Sei d'accordo con Giulietta?

"Secondo te cosa vuol dire pregare?".

Chiedere a Dio di aiutare le persone che stanno male;

dire a Dio che è stato meraviglioso ad aver creato il mondo e le sue creature;

chiedere a Dio di aiutarmi;

ringraziare Dio per quello che ci ha dato;

chiedere a Dio di farmi vincere la lotteria.

Ha ragione Giulietta a dire che:

Chiedere a Dio qualcosa per un'altra persona è una preghiera di INTERCESSIONE	V	F
Chiedere qualcosa che è veramente importante è una preghiera di LODE	V	F
Riconoscere che il Signore non fa mancare il suo aiuto è una preghiera di RICHIESTA	V	F
Riconoscere che il Signore è buono e fedele è una preghiera di RINGRAZIAMENTO	V	F

PARLA SIGNORE,
IO TI ASCOLTO
Pregare è innanzitutto
ascoltare Te,
perché Tu mi parli sempre,
ma io non ti ascolto sempre,
faccio fatica,
aiutami a fare silenzio dentro di me,
perché solo nel silenzio
potrò ascoltare la tua voce!

FACCIO SILENZIO
NEL MIO CUORE QUANDO:
guardo la tv? dormo?
cammino in alta montagna?
nuoto? studio? sto in chiesa?
a messa? a catechismo?
nel letto prima di addormentarmi?
ascolto una musica rap?
ascolto una musica dolce?
sono in casa da solo?... Mai?

SEI RIUSCITO A SCOPRIRE QUANDO RIESCI A FARE SILENZIO NEL TUO CUORE?

@ Caro Gesù, ti prego...

TAPPA 7 incontro 20

Vivremo per sempre nell'amore di Dio

Figlio dell'uomo
forestiero

«Quando il **Figlio dell'uomo** verrà nella sua gloria con tutti i suoi angeli, si siederà sul trono della sua gloria. E saranno riunite davanti a lui tutte le genti, ed egli separerà gli uni dagli altri, come il pastore separa le pecore dai capri, e porrà le pecore alla sua destra e i capri alla sinistra. Allora il re dirà a quelli che stanno alla sua destra: Venite, benedetti del Padre mio, ricevete in eredità il regno preparato per voi fin dalla fondazione del mondo. Perché io ho avuto fame e mi avete dato da mangiare, ho avuto sete e mi avete dato da bere; ero **forestiero** e mi avete ospitato, nudo e mi avete vestito, malato e mi avete visitato, carcerato e siete venuti a trovarmi. Allora i giusti gli risponderanno: Signore, quando mai ti abbiamo veduto affamato e ti abbiamo dato da mangiare, assetato e ti abbiamo dato da bere? Quando ti abbiamo visto forestiero e ti abbiamo ospitato, o nudo e ti abbiamo vestito? E quando ti abbiamo visto ammalato o in carcere e siamo venuti a visitarti? Rispondendo, il re dirà loro: In verità vi dico: ogni volta che avete fatto queste cose a uno solo di questi miei fratelli più piccoli, l'avete fatto a me. Poi dirà a quelli alla sua sinistra: Via, lontano da me, maledetti, nel fuoco eterno, preparato per il diavolo e per i suoi angeli. Perché ho avuto fame e non mi avete dato da mangiare; ho avuto sete e non mi avete dato da bere; ero forestiero e non mi avete ospitato, nudo e non mi avete vestito, malato e in carcere e non mi avete visitato. Anch'essi allora risponderanno: Signore, quando mai ti abbiamo visto affamato o assetato o forestiero o nudo o malato o in carcere e non ti abbiamo assistito? Ma egli risponderà: In verità vi dico: ogni volta che non avete fatto queste cose a uno di questi miei fratelli più piccoli, non l'avete fatto a me. E se ne andranno, questi al supplizio eterno, e i giusti alla vita eterna».

(Mt 25,31-46)

L'evangelista Matteo sta descrivendo con delle immagini ciò che capiterà alla fine dei tempi. Completa a voce le frasi e immagina le scene.
Gesù verrà glorioso con tutti i suoi ...., si siederà .... davanti a lui saranno riunite .... A questo punto Lui separerà .... proprio come fa il ....
Poi dirà a quelli che stanno alla sua destra .... E le persone che si sono comportate con amore risponderanno .... Ma Gesù spiegherà .... Poi si rivolgerà a quelli che stanno alla sua sinistra e dirà .... e loro faranno la stessa domanda degli altri .... E Gesù farà notare loro che .... Così alla fine gli indifferenti e gli egoisti andranno .... Mentre i giusti andranno.........

Dopo aver insegnato, predicato, fatto miracoli, dato l'esempio e donato la sua vita per tutti gli uomini Gesù tira le somme. **Che cosa** ti ha più stupito di quanto dice o fa Gesù o di quanto dicono le persone di destra e di sinistra? (nota bene: non confondere i termini destra e sinistra con gli schieramenti politici di oggi, semplicemente la destra era considerata il posto d'onore).
Tu da che parte ti metteresti? Se sei indeciso e staresti volentieri nel mezzo ti consiglio di ispirarti a Giulietta e Tommaso che sono riusciti finalmente a prendere una posizione! Auguri!

Giulietta ha un compito un po' difficile da svolgere: la catechista le ha chiesto di preparare un bel cartellone sul quale deve scrivere sei opere di carità corporali, ma lei, che è un po' disordinata, ha confuso le scritte attualizzate con le frasi che dice Gesù. Forse anche tu conosci le opere di carità, ma penso che riuscirai ad aiutarla, con la collaborazione dei tuoi genitori, a separarle e a metterle in ordine!

- ☐ "dai da mangiare a chi ha fame"
- ☐ "lavati tutti i giorni"
- ☐ "di' le preghiere alla sera"
- ☐ "accogli quelli che non hanno casa e che cercano lavoro"
- ☐ "dai da bere a chi ha sete"
- ☐ "avevo sete e mi avete dato da bere"
- ☐ "aiuta i poveri"
- ☐ "ero forestiero e mi avete ospitato"
- ☐ "metti a posto la tua cameretta"
- ☐ "ero nudo e mi avete vestito"
- ☐ "visita i carcerati"
- ☐ "ero malato e mi avete visitato"
- ☐ "avevo fame e mi avete dato da mangiare"
- ☐ "non brontolare con la nonna"
- ☐ "ero carcerato e siete venuti a trovarmi"
- ☐ "visita i malati"

Ormai, terminato questo viaggio nel quaderno, Giulietta e Tommaso hanno capito che cosa vuole Gesù da loro e perciò si comportano ad esempio così:

E tu hai capito che cosa vuole da te Gesù?
Vuoi seguire l'esempio di Giulietta e Tommaso?
Elenca alcune "cose" che anche tu puoi fare ai tuoi fratelli più piccoli e più grandi bisognosi del tuo aiuto.

____

____

____

____

La parola chiave che scelgo è...

____

@

Caro Gesù, ... ______________________

____

____

VOCABOLARIO

Adirarsi: arrabbiarsi.
Adulterio: rottura delle promesse matrimoniali.
Alleanza: patto.
Avrai parte: sarai partecipe.
Beati: prediletti o amati da Dio.
Cingere: legare una veste, un laccio intorno alla persona.
Decime: tasse.
Dottore della Legge: studioso ed esperto della Bibbia.
Dramma: moneta spicciola in uso ai tempi di Gesù.
Eletti: persone scelte.
Erano venuti alla fede: erano diventati cristiani.
Esercito celeste: le schiere degli angeli che lodano e contemplano Dio.
Fariseo: colui che appartiene al gruppo religioso dei Farisei, molto osservante della Legge.
Fede: incrollabile fiducia in Dio e in Gesù.
Figlio dell'uomo: personaggio misterioso, già preannunciato dai profeti, atteso dal popolo ebraico.
Forestiero: straniero.
Geenna: luogo simbolico di sofferenza.
Giare: recipienti di terra cotta, per conservare acqua, olio o altro
Infermità: malattia.
Ingiunse: comandò.
Inquietudini: preoccupazioni.
Lapidare: uccidere lanciando contro la persona delle pietre.
Lebbra: malattia della pelle, particolarmente temuta perché condannava l'individuo all'isolamento.
Levita: aiutanti dei sacerdoti nel tempio.
Lucerna: lume ad olio.
Mammona: denaro.
Mansuetudine: docilità.
Mendicare: chiedere l'elemosina.
Miracoli: segni straordinari operati da Gesù.
Misericordia: la capacità di perdonare.
Pagani: persone che adoravano gli dei.
Peccato: azione che mira ad escludere Dio dalla propria vita.
Pietà: sentimento di dolorosa e premurosa partecipazione alla infelicità altrui.
Prossimo: tutte le persone, specialmente chi ha più bisogno.
Pubblicani: esattori delle tasse.
Purificazione: un rito per togliere ciò che la Legge proibiva.
Ruggine: sostanza che rode e consuma alcuni metalli.
Sacerdote: persona con uno speciale ruolo nel culto del tempio.
Salomone: re d'Israele, figlio del re Davide.
Samaritano: appartenente a un popolo disprezzato dagli Ebrei.
Scribi: esperti della Legge.
Sicomoro: albero di alto fusto presente in Palestina.
Sinedrio: il più importante tribunale politico e religioso dei giudei.
Tignola: insetto parassita.
Umiliarsi: atteggiamento di sottomissione o di riservata modestia.
Vincolo: legame.
Vita eterna: tempo senza fine passato con Dio; la gente comunemente dice «paradiso».
Vocazione: chiamata.

SOLUZIONI

2 A	3 M			8 I	
	4 O		5 D'		10 O
1 R		9 V		7 L	6 U

RAMO D'ULIVO

PAG. 5

SPERANZA = desiderio fiducioso di incontrare Dio nella vita eterna

FEDE = fiducia totale in Gesù Cristo

CARITÀ = amore cristiano

PAG. 9

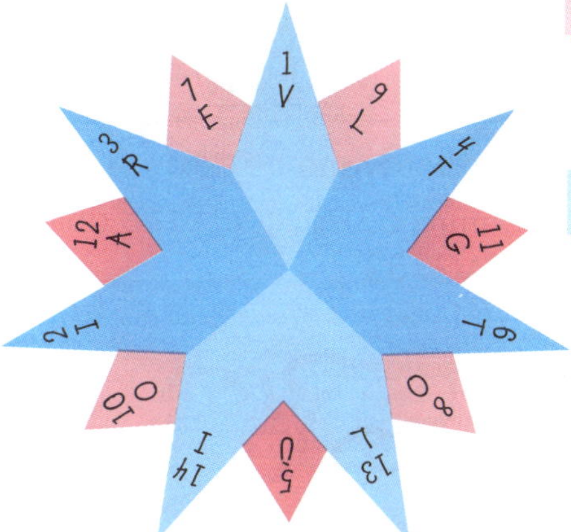

1 2 3 4 5 6 7 8 9 10 11 12 13 14
V I R T Ù T E O L O G A L I

PAG. 9

PAG. 7

CON-DI-VISIONE

SOLE PANE

FEDE PACE

PAG. 15

PAG. 13

FEDE PAG. 13

PAG. 15

CHE GESÙ AVEVA INCONTRATO
FILIPPO E NATANAELE

PAG. 19

PAG. 19

AL SACERDOTE CONFESSIAMO CON SINCERITÀ
LE MANCANZE D' AMORE. DOPO AVER DOMANDATO PERDONO
AL SIGNORE OTTENIAMO L' ASSOLUZIONE
IL SACERDOTE CI DÀ IL SALUTO DI PACE
ALLA FINE RINGRAZIAMO IL SIGNORE E CI IMPEGNIAMO AD AMARE

T 1	U 2	S 3	N 4	A 5	F 6	T 7	E 8	L 9	R 10	I 11	C 12	I 13	Q 14	T 15	C 16	A 17	D 18
I 19	D 20	V 21	E 22	M 23	R 24	S 25	L 26	A 27	D 28	A 29	S 30	Q 31	U 32	R 33	E 34	L 35	L 36
A 37	C 38	G 39	H 40	E 41	Z 42	C 43	O 44	U 45	F 46	N 47	O 48	S 49	O 50	C 51	I 52	P 53	A 54
M 55	O 56	S 57	C 58	O 59	I 60	O 61	E 62	T 63	C 64	I 65	V 66	I 67	N 68	Z 69	D 70	I 71	U 72
C 73	A 74	A 75	E 76	C 77	H 78	R 79	I 80	O 81	A 82	P 83	S 84	P 85	V 86	P 87	G 88	A 89	R 90
T 91	I 92	T 93	E 94	Z 95	N 96	E 97	G 98	I 99	G 100	L 101	Z 102	S 103	R 104	B 105	E 106	F 107	G 108
Z 109	N 110	Z 111	O 112	Z 113	F 114	D 115	V 116	I 117	F 118	G 119	Q 120	S 121	D 122	P 123	I 124	Z 125	O 126

2,4,5 – 6,8,9,11,12,13,15,17 – 18,19,21,22,24,25,27 – 28,29 –31,32,34,35,36,37
38,40,4143,44,47,48,49,51,52,54,55,56– 58,60,61,62 – 64,65 – 67,68,70,71,73,74– 75 – 77,78,80
82,85,87,89,90,91,92,94,96,97 – 99,101– 104,106,108,110,112 – 115,117 – 122,124,126

UNA FELICITÀ DIVERSA DA QUELLA CHE CONOSCIAMO
CIOÈ CI INDICA A CHI APPARTIENE IL REGNO DI DIO

PAG. 23

1 L	U	C	A		
	2 L	A	G	O	
3 M	O	S	È		
	4 M	A	R	I	A
		5 D	A	D	O
	6 P	E	S	C	A
		7 L	U	C	E
	8 S	P	E	S	A
	9 C	A	R	O	
		10 N	O	V	E
	11 S	E	R	A	

PAG. 17

SOLUZIONI

PAG. 25

PIETRA	~~E~~	~~A~~	A	~~T~~	~~R~~	M	~~P~~	~~I~~
EGITTO	~~I~~	~~T~~	~~O~~	A	~~G~~	~~T~~	D	~~E~~
PAROLA	I	O	~~A~~	~~R~~	~~P~~	~~L~~	~~O~~	~~A~~
SABATO	~~T~~	~~O~~	~~A~~	~~A~~	E	~~B~~	~~S~~	I
FIGLIE	L	~~L~~	~~F~~	~~E~~	~~I~~	~~G~~	~~I~~	P
BIBBIA	~~B~~	~~I~~	R	~~A~~	B	O	~~B~~	~~I~~
DONARE	S	~~E~~	~~A~~	~~R~~	S	~~O~~	~~N~~	~~D~~
SCHIAVO	~~S~~	~~O~~	~~H~~	~~V~~	~~A~~	~~I~~	I	~~C~~
CAPIRE	~~I~~	M	~~C~~	~~P~~	~~R~~	~~E~~	O	~~A~~

AMA DIO E IL PROSSIMO

PAG. 33

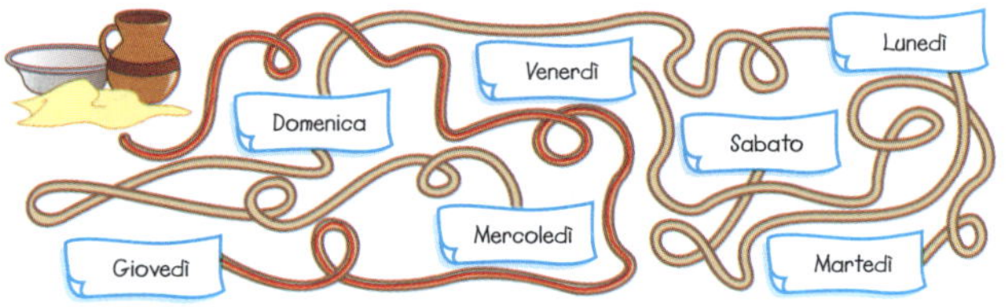

S E R I È T C I O T N O V
SI È CONVERTITO

PAG. 39

CHE ERANO PERDUTI

Amate i vostri nemici e pregate per i vostri persecutori.

Se amate quelli che vi amano che merito ne avete?

Nessuno può servire a due padroni: non potete servire a Dio e a mammona.

PAG. 27

PAG. 60

				1 G	I	A	R	E	■	2 P	I	E	T	À	■				
					3 V	E	G	L	I	A	V	A	N	O					
					■	■	■	4 L	U	C	E	R	N	A					
					■	■	5 A	L	L	E	A	N	Z	A					
6 M	A	N	S	U	E	T	U	D	I	N	E	■	7 M	A	M	M	O	N	A
				■	8 F	A	R	I	S	E	O	■	■	■	■				
				■	■	■	9 A	D	U	L	T	E	R	I	O				
						10 S	I	C	O	M	O	R	O						
11 P	U	R	I	F	I	C	A	Z	I	O	N	E	■	12 S	C	R	I	B	I
		13 S	A	M	A	R	I	T	A	N	O	■	14 P	A	R	T	E		
	15 M	I	S	E	R	I	C	O	R	D	I	A	■	16 B	E	A	T	I	
17 F	E	D	E	■	18 F	I	G	L	I	O	D	E	L	L'	U	O	M	O	■
				19 U	M	I	L	I	A	■	20 A	D	I	R	A				

DI DOLCEZZA	ABBIATE
DI PAZIENZA E	SENTIMENTI NUOVI:
SENTIMENTI NUOVI:	DI MISERICORDIA,
DI MISERICORDIA,	DI BONTÀ,
DI UMILTÀ	DI UMILTÀ,
ABBIATE	DI PAZIENZA E
DI BONTÀ,	DI DOLCEZZA

PAG. 54

GREPIARE = PREGARE
ARCAZNSSTI = STANCARSI
ZIUGHIASTI = GIUSTIZIA
TELITUE = ELETTI
ERFOSIAO = FARISEO
URPLINOBBCA = PUBBLICANO
AMUILLI = UMILIA

~~SOLE~~ LA ~~LUNA~~	~~MAMMA~~ ~~PAPÀ~~ GRANDE	~~CANE~~ GIOIA ~~GATTO~~	DEL ~~PERO~~ ~~MELO~~	~~SCI~~ ~~CALCIO~~ PASTORE	E ~~MI~~ ~~FA~~	~~MARE~~ DELLA ~~PESCI~~	DONNA ~~PECORA~~ ~~AGNELLO~~	È ~~ALCE~~ ~~OCA~~
~~FAME~~ SIMILE ~~SETE~~	ALL' ~~ALT~~ ~~STOP~~	~~PACE~~ IMMENSA ~~GUERRA~~	~~SALE~~ ~~ZUCCHERO~~ GIOIA	~~MUCCA~~ PROVATA ~~VITELLO~~	DA ~~VENTI~~ ~~DIECI~~	~~TUO~~ ~~MIO~~ DIO	~~TAVOLO~~ QUANDO ~~SEDIA~~	~~LEGGE~~ ~~REGOLA~~ UNO
~~GIORNO~~ ~~NOTTE~~ DI	NOI ~~TRE~~ ~~DUE~~	~~NOI~~ SI ~~VOI~~	~~RISO~~ RIAVVICINA ~~PIANTO~~	A ~~PER~~ ~~PIÙ~~	LUI ~~MOSÈ~~ ~~NOÈ~~	~~TOPO~~ ~~RATTO~~ DOPO	~~SEMPRE~~ ESSERSENE ~~MAI~~	~~FUNERALE~~ ALLONTANATO ~~FESTA~~

PAG. 37

La grande gioia del pastore e della donna è simile all'immensa gioia provata da Dio quando uno di noi si riavvicina a Lui dopo essersene allontanato.

SAN FRANCESCO D'ASSISI

Francesco Bernardone nasce ad Assisi nel 1182, figlio del mercante Pietro Bernardone.

Verso il 1200 in Italia fervono le attività commerciali.
Nella cittadina di Assisi, i figli dei ricchi commercianti danzano e si danno alla pazza gioia.

Francesco ha vent'anni. Le feste, i gioielli e i vestiti sontuosi non lo divertono più, anzi, gli danno la nausea.

1206: ha inizio la conversione di Francesco che si occupa dei lebbrosi e dei poveri .

In mezzo alla campagna, comincia a restaurare la chiesetta di San Damiano.

Per completare l'edificio gli serve denaro. Ruba così al padre delle stoffe preziose e le vende.

Il padre, furibondo, lo fa perseguire dalla giustizia, e Francesco dovrà comparire davanti al vescovo.

Francesco comincia a viaggiare pieno di gioia.
La sua nuova ricchezza è l'amore.
Ricchi e poveri, sapienti e analfabeti lo seguono come frati.

Dalla prima comunità di fratelli che si raccolgono intorno a lui derivano i tre ordini dei francescani.

I tre ordini francescani si dividono in:
il primo ordine (frati minori) istituito nel 1210 ca.;
il second'ordine, femminile (clarisse), fondato tra il 1212 e il 1214;
infine il terz'ordine per i laici d'ambo i sessi, fondato nel 1221.

Nel 1209 il Papa lo protegge e il vescovo di Assisi gli offre denaro.
Ma Francesco dice:
"No, Monsignore. Se possedessimo qualche bene, avremmo bisogno di armi per difenderlo. Le guerre nascono così".

Dappertutto per le campagne Francesco è conosciuto. Egli non fa che parlare dell'amore di Dio.

Così , con grande semplicità Francesco dà ai suoi amici diversi consigli, che i posteri hanno chiamato "fioretti". Fra i suoi scritti: Ammonizioni, Lettere, Preghiere, Testamento, Cantico delle creature.

Nel 1224 riceve le stimmate sulla Verna (monte dell'appennino tosco-emiliano).

Muore ad Assisi nel 1226.

La ghirlanda di Natale

La grande gioia di essere amati da Dio

Vai a rivedere le pagine 16 e 17.

Ecco l'esempio di un dono
che puoi costruire
con le tue mani:
la ghirlanda di Natale
da appendere alla porta
per dare il benvenuto
a Gesù.

Materiale occorrente:

Cartoncino 40x40

Un vassoio rotondo o un piatto per torta del diametro di 35 cm

Un grande piatto piano, del diametro di 20-25 cm

Righello, matita e forbici

Ritagli di carta verde di varie tonalità

Tempera e porporina dorata

Colla vinilica e pennello

40 perline rosse (delle dimensioni di un acino di uvetta)

Filo rosso

Un grande ago smussato

12 bastoncini di cannella

Nastro rosso sottile

Cioccolatini piatti con incarto dorato

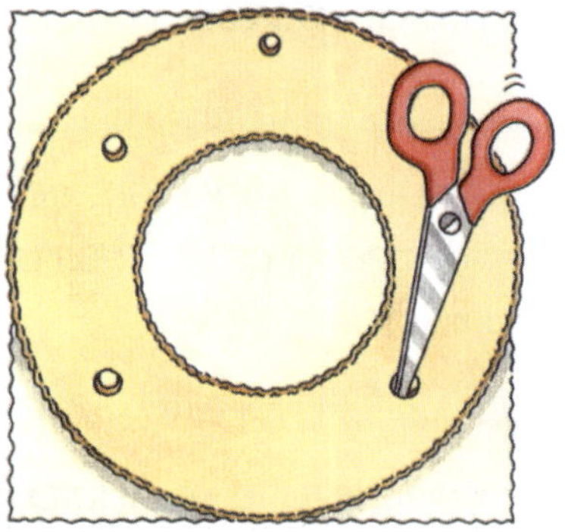

Sistemate il piatto per torta sul cartoncino e, con la matita, disegnate il contorno del piatto su quest'ultimo. Tracciate un secondo cerchio all'interno del primo servendovi del piatto, poi ritagliatene l'interno, in modo da avere un anello largo circa 10 cm. Chiedete a un adulto di praticare sull'anello 4 fori equidistanti tra loro servendosi delle forbici, oltre a un ulteriore foro in cima, nel quale occorrerà far passare il nastro. L'anello di cartoncino sarà completamente coperto di decorazioni.

Disegnate numerose foglie di carta verde servendovi dei modelli riportati sotto.
Ritagliate le foglie e piegatele a metà nel senso della lunghezza, in modo da avere un effetto tridimensionale, quindi dipingetene le punte con tempera dorata o cospargetele di porporina.

Incollate ogni foglia sull'anello di cartoncino applicando un po' di colla.
Seguite una direzione ben precisa, sovrapponendo le foglie man mano che procedete.
Ricoprite completamente l'anello, ma cercate di non incollare le foglie sui 5 fori che avete praticato nella prima fase.

Tagliate 8-10 pezzi di filo rosso e fate un nodo al capo di ognuno. Infilate una perlina rossa in ogni pezzo di filo. Fate passare l'altro capo attraverso uno dei quattro fori praticati sull'anello di cartoncino (ad eccezione del foro in cima, che è per il nastro).
Quando avrete infilato 8-10 perline attraverso un foro, legate tutti i fili insieme sul retro e tagliate il filo eccedente.
Ripetete questa operazione per ognuno degli altri tre fori.

Avvolgete i bastoncini di cannella a gruppi di tre con un pezzetto di nastro e fate un fiocco su ognuno.
Incollate i bastoncini sulla ghirlanda.
Incollate i cioccolatini tra le foglie.

Infilate un pezzo di nastro sottile nel foro in cima all'anello di cartoncino e fate un nodo.
Assicuratevi che tenga.
Incollate il grande fiocco dorato in cima alla ghirlanda e lasciate asciugare bene il tutto.
Assicuratevi che la colla si sia asciugata prima di appendere la ghirlanda.

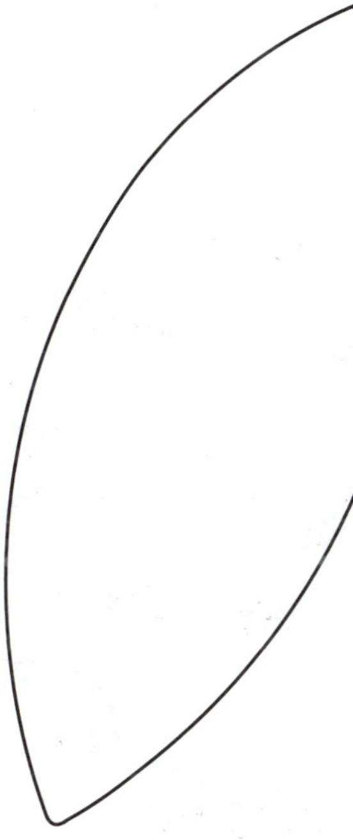

Per saperne di più

Gerusalemme

La città ai tempi di Gesù riacquista il suo antico splendore e chi sale verso il tempio può vedere al lavoro migliaia di operai.

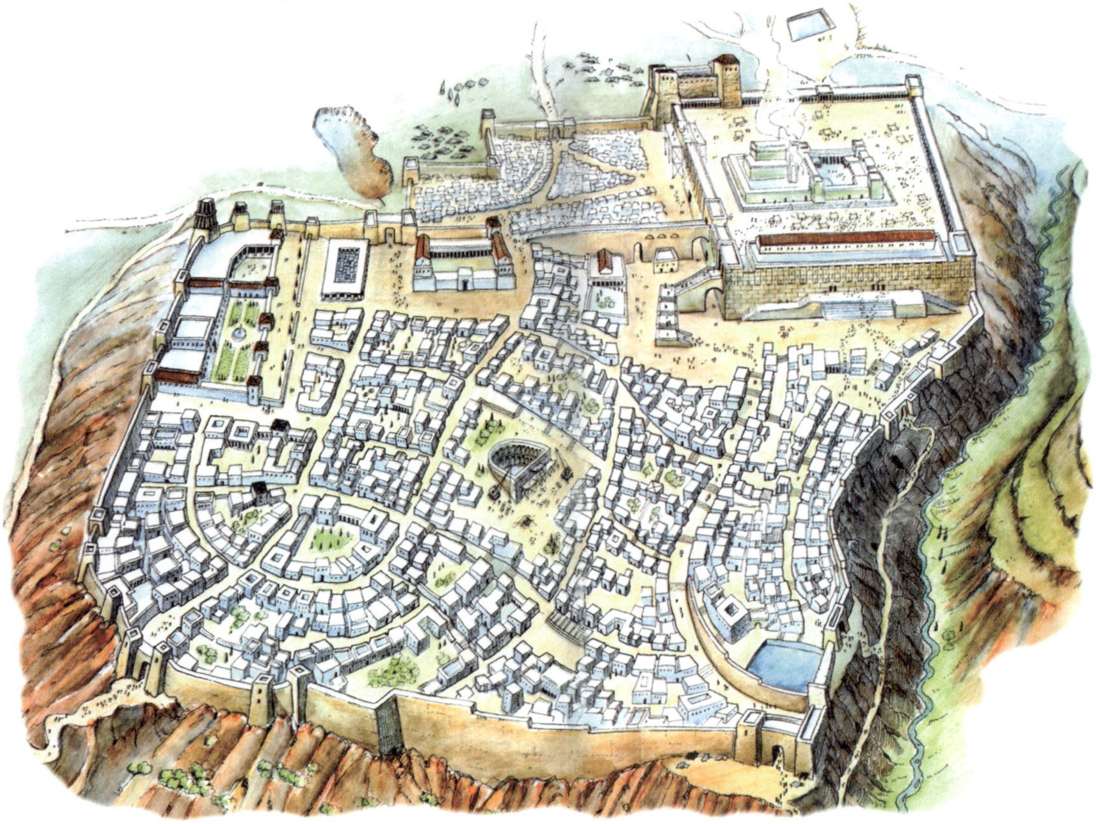

La Palestina

In una cittadina 2.000 anni fa...

In tutto il paese circolano soldati dell'esercito romano e mercenari stranieri a servizio dei grandi signori: naturalmente sia gli uni che gli altri sono visti con diffidenza dalla popolazione che cerca di non avere alcun contatto con loro. Addirittura detestati sono i samaritani. Fra i due popoli esiste un odio secolare.

I malati contagiosi vengono allontanati per salvaguardare la salute della collettività.

In ogni città si incontrano persone senza lavoro, spesso malate, costrette a vivere di elemosina.

I pubblicani riscuotono le tasse per conto dei romani: sono odiati perché collaborano con gli occupanti.

I viaggiatori e i commercianti sono bene accetti ma non possono entrare nel tempio di Gerusalemme.

Queste persone sono molto povere. Vengono assunte per la giornata e pagate alla sera con un denaro e con il pasto di mezzogiorno.

cartine

La forza dello Spirito
di Gerico si parla nell'incontro 4

"Va' e fa' anche tu lo stesso"
di Gerico si parla nell'incontro 9

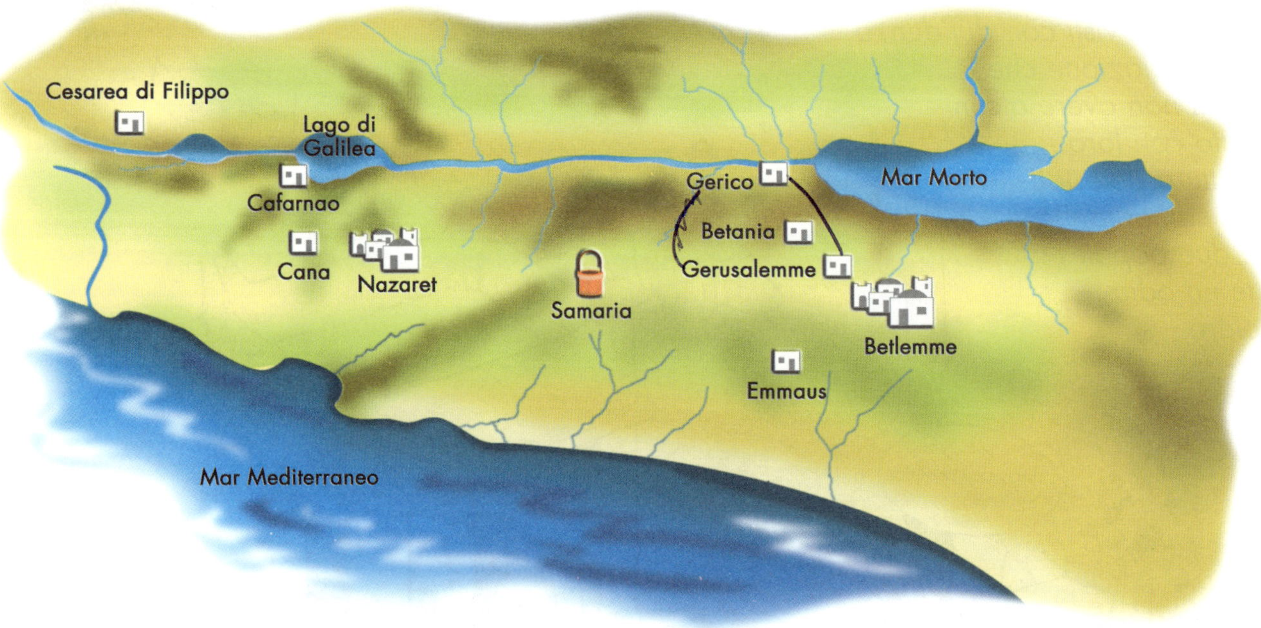

GERICO, LA CITTÀ PIÙ ANTICA DEL MONDO!

In medio oriente ci sono molte colline,chiamate dagli arabi "**tell**", che nascondono i resti di antiche città.

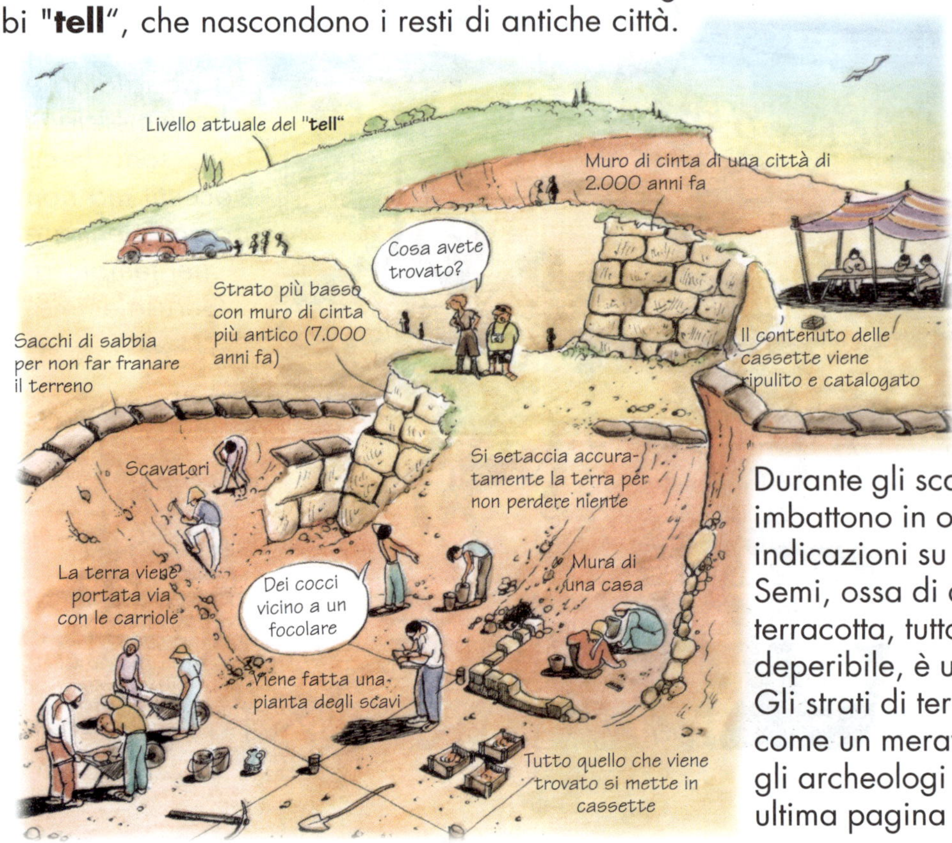

L'archeologa inglese Kathleen Kenion, scavando a **Tell Es-Sultan**, (l'antica Gerico), trovò ben 17 strati, fino ad arrivare, a 20 metri di profondità, a tracce di abitazioni che risalgono a 10.000 anni fa!

Durante gli scavi gli archeologi si imbattono in oggetti che danno utili indicazioni su come si viveva un tempo. Semi, ossa di animali, frammenti di terracotta, tutto quello che non è deperibile, è utile al lavoro degli studiosi. Gli strati di terra e pietra dei **Tell** sono come un meraviglioso libro di storie che gli archeologi leggono scavando dalla ultima pagina fino alla prima.

LA PALESTINA AI TEMPI DI GESÙ

giochi

In armonia con Dio e in pace con tutti

Nelle seguenti parole, eliminando una lettera, otterrai altre parole che si trovano nel brano di vangelo a pagina 40.

G R E P I A R E = ...

A R C A Z N S S T I = ...

Z I U G H I A S T I = ...

T E L I T U E = ...

E R F O S I A O = ...

U R P L I N O B B C A = ...

A M U I L L I = ...

La Chiesa vive nelle nostre case

Fatti aiutare dai tuoi genitori e riscrivi la frase nella sequenza giusta. Un aiuto lo puoi trovare rileggendo il brano di vangelo a pagina 4.

DI DOLCEZZA
DI PAZIENZA E
SENTIMENTI NUOVI:
DI MISERICORDIA,
DI UMILTÀ,
ABBIATE
DI BONTÀ,

....

Attacca le pagine 57 e 59 su di un cartoncino,
poi ritaglia il dado e le quattro pedine... così sarai pronto per iniziare a giocare!

LA MAPPA DEL TESORO

LE REGOLE DEL GIOCO

Come si gioca? È semplice, a questo gioco si può giocare in 2, 3, 4 persone. Si tira il dado a turno e ci si muove lungo la strada bianca nella giungla del numero di caselle indicate sul dado.
Ci sono delle caselle particolari su cui appare una scritta che indica un pericolo, ad es.

Ogni volta che capiterai in una casella arancione, dovrai decidere se farti aiutare o uscire da solo dalla difficoltà. Come? Tira il dado, se viene un numero pari potrai proseguire sulla strada gialla per tante caselle quanto il numero uscito, se viene dispari resti dove sei e stai fermo un giro.

Attenzione: la strada gialla è più lunga, ma se sei fortunato puoi trovare dei preziosi aiuti, se capiti sulle caselle azzurre… segui le istruzioni…

Vince chi arriva per primo al tesoro… ma proprio sul tesoro… se ad esempio ti mancano due caselle alla fine e dal dado esce un 6, dovrai fare due passi avanti e quattro indietro lungo la strada bianca!

BUON VIAGGIO!

LA MAPPA DEL TESORO
VIA!
Hai aiutato la mamma: bravo! Avanti di 2 caselle
RAGNI VELENOSI
SABBIE MOBILI
Se qualcuno è in una casella arancione puoi farlo uscire! Tu tirerai di nuovo il dado e il tuo amico avanzerà sulla casella gialla
BESTIE FEROCI
Sei generoso, hai imprestato il tuo cannocchiale ad un amico: vai avanti di due caselle
Hai fatto la pace con chi ti ha "teso l'agguato": vai di corsa! Tira un'altra volta
AGGUATO
SERPENTI
Hai condiviso la merenda con un amico: vai avanti di due caselle
CADUTA ALBERI
Oggi hai conosciuto un nuovo amico: vai avanti di tre caselle
TESORO!

CRUCIVERBONE

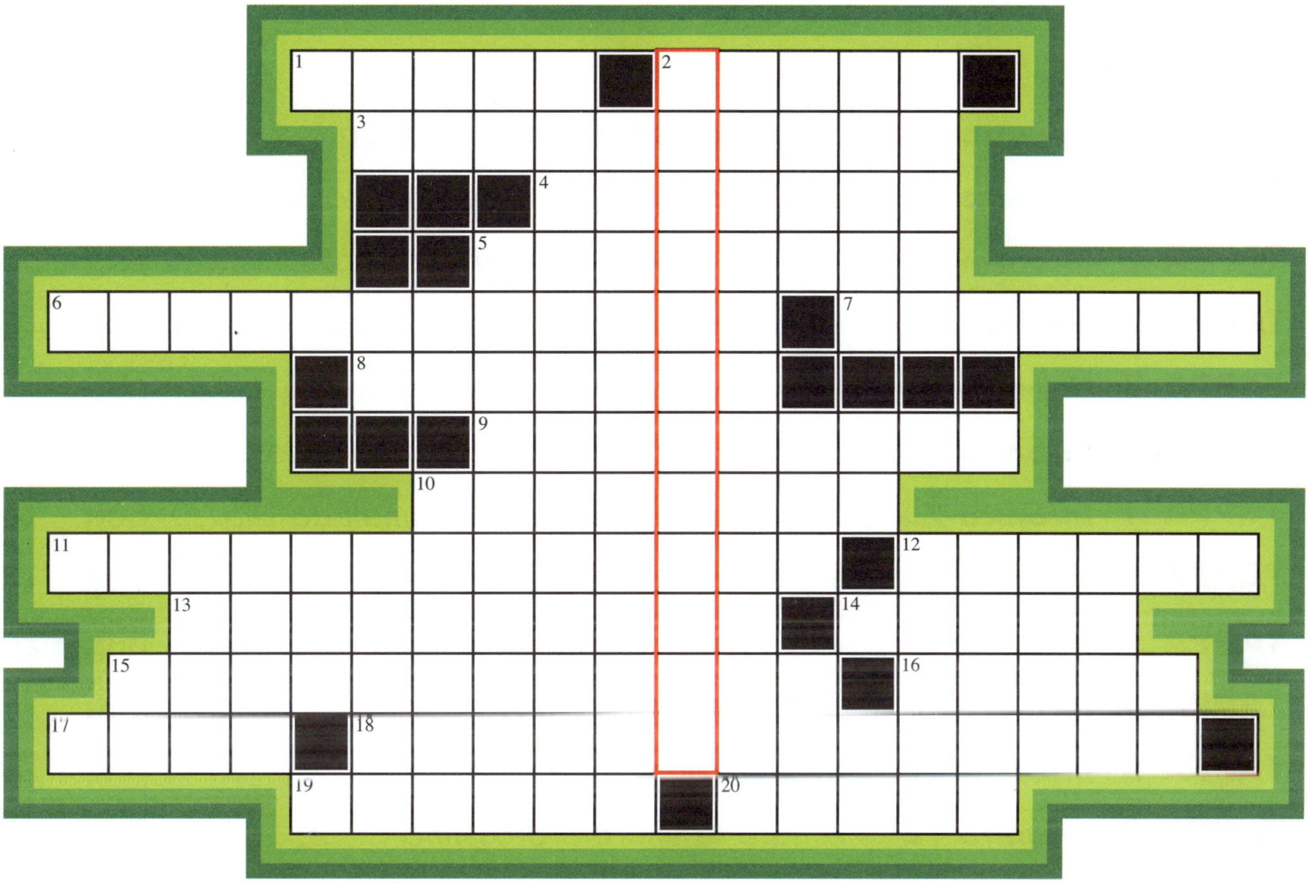

Se rileggi i brani del vangelo dall'incontro 1 al 20 riuscirai a trovare la parola mancante delle frasi proposte qui sotto. Completando il cruciverba scoprirai nel riquadro rosso due parole molto importanti. Insieme ai tuoi amici, con la preghiera, l'amore, la tua famiglia e l'impegno di ogni giorno, puoi costruirla.

ORIZZONTALI

1) ... Vi erano là sei .... di pietra per la purificazione dei Giudei...
2) ... «Gesù, figlio di Davide, abbi ...... di me!»...
3) ... C'erano in quella regione alcuni pastori che ...... di notte...
4) ... La ...... del corpo è l'occhio...
5) ... Signore nostro Dio ha stabilito con noi un'...... sull'Oreb...
6) ... con ogni umiltà, ... e pazienza...
7) ... non potete servire a Dio e a ....
8) ... Egli entrò nella casa del ...... e si mise a tavola...
9) ... gli scribi e i farisei gli conducono una donna sorpresa in ......
10) ... Allora corse avanti e, per poterlo vedere, salì su un ......
11) ... «Va', mostrati al sacerdote e fa' l'offerta per la tua ......
12) ... I farisei e gli ...... mormoravano: «Costui riceve i peccatori»...
13) ... Invece un ......, che era in viaggio, passandogli accanto lo vide e n'ebbe compassione.
14) ... Gli rispose Gesù: «Se non ti laverò, non avrai ...... con me»...
15) ... Perciò abbiate sentimenti nuovi: di ......, di bontà...
16) ...... gli operatori di pace, perché saranno chiamati figli di Dio...
17) ... La moltitudine di coloro che erano venuti alla...... aveva un cuore solo...
18) ... Quando il ...... verrà nella sua gloria con tutti i suoi angeli, si siederà sul trono della sua gloria...
19) ... perché chi si esalta sarà umiliato e chi si...... sarà esaltato...
20) ... Ma io vi dico: chiunque si ...... con il proprio fratello, sarà sottoposto a giudizio...

INDICE